Gabriele Spliesgart

W0057216

Üben fürs Abi –
Französische Grammatik

MANZ VERLAG

2., verbesserte Auflage 1999
Manz Verlag
© Ernst Klett Verlag GmbH, Stuttgart 1997
Alle Rechte vorbehalten
Lektorat: Harald Kotlarz, Ammerbuch
Umschlaggestaltung: Zembsch' Werkstatt, München
Illustrationen: K. Prüfer, Augsburg
Layout: Hans Limo Lechner, Pastetten
Druck: Manz Druck GmbH, München
Bindung: Auer GmbH, Donauwörth
Printed in Germany

ISBN 3-7863-0730-X

Inhaltsverzeichnis

Vorwort

Das vorliegende Grammatik-Übungsbuch „Üben fürs Abi" soll es Ihnen ermöglichen, selbstständig, zeitsparend und effektiv schriftliche Prüfungen und das schriftliche Abitur vorzubereiten.

Richtungsweisend bei der Abfassung der vorliegenden Übungsgrammatik war ein modifiziertes Prinzip der bewährten Regel-Beispiel-Grammatik, die jedoch die Schulpraxis als entscheidenden Maßstab anlegt. Das heißt, dass hier nicht eine komplexe, in allen Details wissenschaftlich vollständige Grammatik entstanden ist. Vielmehr soll der Schüler, der gezielt alle wichtigen Grammatik-Phänomene im Überblick lernen, wiederholen und üben will, einen zuverlässigen Begleiter bei der Prüfungsvorbereitung finden.

Landeskundliche Inhalte im Übungsteil geben Ihnen dabei ganz nebenbei viele wichtige Informationen über verschiedene Regionen in Frankreich und die französische Lebensweise.

So steht immer der praktische Nutzen für den Oberstufenschüler im Vordergrund, der am Ende des Übungsbuches mit allen wichtigen Grammatik-Phänomenen vertraut sein will und gelernt haben wird, mit der Theorie der französischen Sprache in der Praxis sicher und erfolgreich umzugehen.

Am Anfang eines jeden Kapitels finden Sie deshalb einen Einstiegstest. Dieser ermöglicht es Ihnen, schnell persönliche Lücken zu finden und eigene Fehlerquellen auszumachen.

Der anschließende Überblick über das jeweilige Grammatik-Problem erleichtert den Zugang zur Grammatik-Theorie und stellt alle für die Sprachpraxis in der Schule wichtigen Regeln dar.

Der folgende Übungsteil mit je einem Abschlusstest soll den Lernfortschritt sichern und Ihnen zeigen, dass Sie erfolgreich gearbeitet haben.

Am Ende des Übungsteils werden Ihnen sechs Abituraufgaben im Stile der „Grammaire contextualisée" angeboten, in denen Sie gezielt all Ihr erworbenes Wissen einsetzen und mit den Lösungen leicht überprüfen können.

Unter

 Si vous voulez en savoir plus sur l'évolution actuelle de la grammaire française ...

finden besonders Interessierte zudem kurze Hinweise zu neuesten Entwicklungen und Tendenzen in der französischen Grammatik.
(Wichtige Informationen hierzu sind zu finden in: Gudrun Krassin, Neuere Entwicklungen in der Französischen Grammatik und Grammatikforschung, Tübingen 1994.)

Und nun viel Spaß beim „Üben fürs Abi" und viel Erfolg im Abitur wünschen Ihnen Autorin und Verlag.

FORMEN UND ZEITEN DES VERBS

1

Das Ziel dieses Kapitels ist eine kurze Darstellung der Formen des französischen Verbs und der Funktion des Zeitensystems. Die gängigen Verben sind Ihnen sicherlich gut bekannt.

Wie Sie aber im Hinblick auf Prüfungen und das Abitur systematisch alle Zeiten eines Verbs wiederholen können, zeigt Ihnen die folgende **„Zeitspirale"**. Die Idee dazu stammt ursprünglich von Jean-Marie Zemb (L'apprentissage du français aujourd'hui, O.C.D.L. Paris 1970) und wurde für den Schulgebrauch etwas vereinfacht, sodass Sie das Zeitensystem auf Anhieb überblicken können und nur die Zeiten üben, die auch in der gymnasialen Oberstufe bzw. in der Sekundarstufe II von Ihnen verlangt werden.

Die „Zeitspirale" geht von der Tatsache aus, dass es **einfache** und **zusammengesetzte Verbformen** gibt und dass diese **ohne** bzw. **mit Hilfsverb** *avoir* oder *être* gebildet werden.

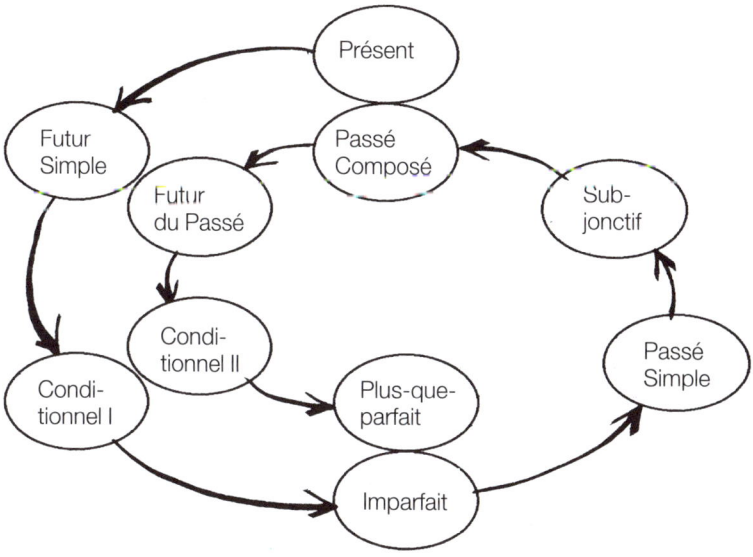

Wenn Sie an die Stelle der Zeitnamen beispielsweise die Formen des Verbs *aimer* einsetzen, werden Sie die zugrunde liegende Systematik erkennen: die Parallelität der Zeiten im inneren und im äußeren Spiralbogen. Das Hilfsverb, das im inneren Spiralbogen zur Bildung der zusammengesetzten Vergangenheitszeiten benötigt wird, steht in der Zeit, die im äußeren Spiralbogen angegeben ist und bekommt jeweils nur ein *participe passé* des entsprechenden Vollverbs zur Herstellung der Vergangenheitsform dazu.

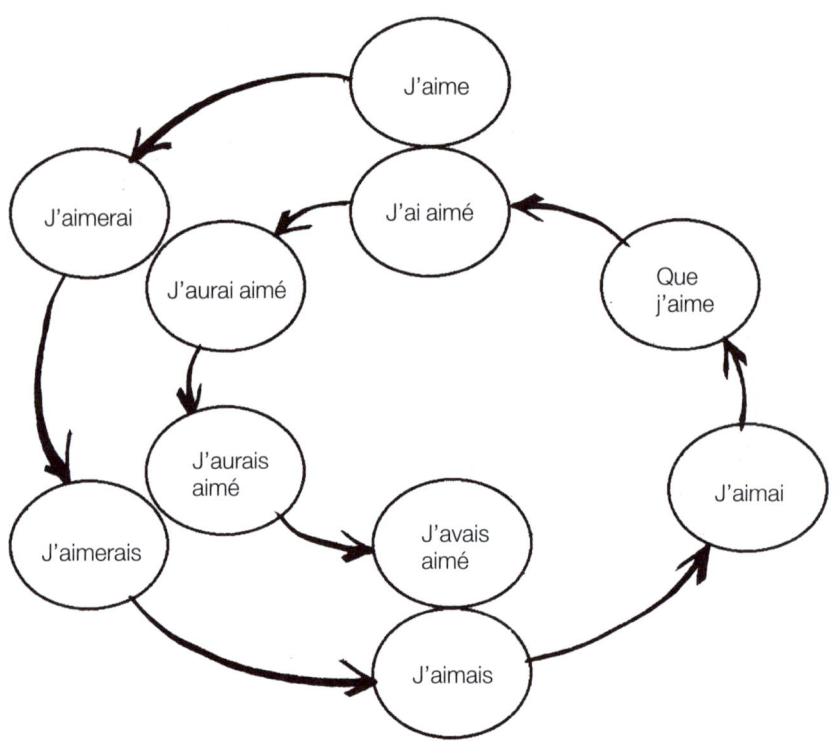

▶ Tipp: ◀

Wenn Sie also ein Verb systematisch konjugieren wollen, tun Sie dies in der Reihenfolge der in der Spirale nacheinander aufgeführten Zeiten. Die Übereinstimmung der Verbstämme oder Verbendungen bzw. die Basis für die Ableitung einer Verbform wird im Folgenden einzeln dargestellt.

A  Die Bildung der Zeiten

Bei der Benennung der **Zeiten** bleiben wir bei den **französischen Begriffen**, da diese Hinweise auf die Bildung der Formen geben. Die **Reihenfolge** der besprochenen Zeiten entspricht der der „**Zeitspirale**", damit deutlich wird, welche Zusammenhänge von der Formenbildung her bestehen.

Présent

Das *présent* der regelmäßigen **Verben auf -er** hat im **Singular** die **Endungen**

-e
-es
-e,

bei den unregelmäßigen Verben gibt es drei **Varianten:**

-s	z. B. bei	-s	z. B. bei	-x	z. B. bei
-s	faire;	-s	prendre;	-x	pouvoir.
-t		-/		-t	

Die **Pluralendungen** sind bei fast allen Verben

-ons
-ez
-ent.

Futur I (= futur simple)

Die Bildung des *futur simple* wird grammatikalisch richtig aus der 1. Person Singular *présent* erklärt. Der **einfachere Trick bei der Bildung von *futur I*** besteht darin, den **Infinitiv** des jeweiligen Verbs zu nehmen und die ***présent*-Formen von *avoir*** (ohne av-) anzuhängen:

Infinitiv + -ai, -as, -a, -ons, -ez, -ont

Beispiel: j'aimer-**ai**
tu aimer-**as** ...

Bei den Verben auf **-re** fällt das schwache **-e** am Ende des Infinitivs bei der Bildung des *futur* einfach weg!

Beispiel: attend-re → j'attendr-**ai** …

Durch die Lautentwicklung des sehr alten *futur* haben sich im Laufe der Sprachgeschichte manche Infinitive verändert, sodass wir sie heute als Sonderformen lernen müssen. Hier zur Erinnerung die wichtigsten „Futurstämme", an die Sie die oben genannten *présent*-Endungen anfügen.

avoir	être
j'aurai	je serai
tu auras	tu seras
il aura	il sera
nous aurons	nous serons
vous aurez	vous serez
ils auront	ils seront

Weitere Sonderformen:

Infinitiv	futur
aller	j'ir-ai
faire	je fer-ai
falloir	il faudr-a
savoir	je saur-ai
vouloir	je voudr-ai
pouvoir	je pourr-ai
voir	je verr-ai
envoyer	j'enverr-ai
recevoir	je recevr-ai
tenir	je tiendr-ai
venir	je viendr-ai

☞ Si vous voulez en savoir plus sur l'évolution actuelle de la grammaire française …

Erwartungen, dass das *futur simple* künftig durch ein *futur composé* (konjugierte Form von *aller* + Infinitiv des entsprechenden Vollverbs) ersetzt wird, haben sich nicht bestätigt. Die „Arbeitsteilung" der beiden Futurformen hat sich gefestigt: *futur simple* wird im Bereich des geschriebenen Französisch eingesetzt, das *futur composé* dominiert nach wie vor den Bereich der gesprochenen Sprache.

Conditionnel I

Für die Bildung des *conditionnel* nehmen Sie den **Infinitiv** bzw. **den Futurstamm** des jeweiligen Verbs und hängen *avoir* im *imparfait* (ohne av-) an:

Endungen:

-ais
-ais
-ait
-ions
-iez
-aient

Beispiele:

aimer	j'aimer-**ais**
faire	je fer-**ais**
vouloir	je voudr-**ais**

Imparfait

Die vom *conditionnel* bekannten Endungen werden beim *imparfait* wieder verwendet. Allerdings ändert sich nun die Verbbasis: Nehmen Sie den **Stamm** der **1. Person Plural** *présent* und hängen Sie die Endungen hier an.

Beispiel:

présent:	**imparfait:**
nous **aim**-ons	j'aim-**ais**
	tu aim-**ais** …

Passé simple

Der Stamm für das *passé simple* ist wie beim *imparfait* **meist die 1. Person Plural** *présent*, daran schließen sich an: **Vokal + Endung.**

Vokal für Verben auf -er: **-a-**
Vokal für venir und tenir: **-in-**
Vokal für die übrigen Verben: **-i- oder -u-.**

▶ Tipp: ◀

Haben Sie den Vokal nicht bei jedem unregelmäßigen Verb mitgelernt, so können Sie in vielen Fällen beim *participe passé* „spicken"!

Beispiel: boire: j'ai bu (= participe) → je b**us** (= passé simple).

Die **Endungen** des *passé simple* sind:
- bei den regelmäßigen Verben auf -er: **-ai, -as, -a, -âmes, -âtes, -èrent;**
- bei den unregelmäßigen Verben: **-s, -s, -t, -^mes, -^tes, -rent.**

Avoir **und** *être* **auf einen Blick:**

avoir: j'eus, tu eus, il eut, nous eûmes, vous eûtes, ils eurent;

être: je fus, tu fus, il fut, nous fûmes, vous fûtes, ils furent;

Die wichtigsten unregelmäßigen Verbformen sind:

Infinitiv	passé simple	
atteindre	j'atteignis	
écrire	j'écrivis	
conduire	je conduisis	Stamm der 1. Person Plural
construire	je construisis	*présent*
se plaindre	je me plaignis	
se joindre	je me joignis	
suivre	je suivis	
prendre	je pris	vgl. Lautbild des
mettre	je mis	*participe passé*
s'asseoir	je m'assis	
dire	je dis	
faire	je fis	**Vorsicht:** Verwechslungsgefahr
fuir	je fuis	mit dem *présent!*
rire	je ris	
suffire	je suffis	
voir	je vis	

☞ *Si vous voulez en savoir plus sur l'évolution actuelle de la grammaire française …*

Obwohl der Wegfall des *passé simple* aus der gesprochenen Sprache bereits Ende des 18. Jahrhunderts abgeschlossen war, ist das *passé simple* seitdem nach wie vor fester Bestandteil der geschriebenen Sprache, und dies nicht nur in literarischen Texten.

Subjonctif
(vgl. dazu Kapitel 3)

Grundsätzlich gilt: Die Ableitungsbasis ist die **3. Person Plural des** *présent*, von der man die Endung streicht und die *présent*-**Endungen -e, -es -e** im **Singular** und **-ent** in der **3. Person** anhängt, **1. und 2. Person Plural** bekommen die *imparfait*-**Endungen -ions, -iez.**

Beispiel: que j'aime
         que tu aimes …

Eine umfassende Liste der Sonderformen finden Sie in Kapitel 3.

Passé composé

Das *passé composé* besteht aus
Hilfsverb im Präsens + participe passé.

Beispiel: j'ai aimé   je suis allé(e)
         tu as aimé   tu es allé(e)
         il a aimé …   il est allé …

Die einzelnen Regeln zur Veränderung des *participe passé* werden ausführlich in Kapitel 2 besprochen und geübt.

Futur II (= futur antérieur, futur du passé)

Das *futur II* wird gebildet mit dem
Hilfsverb *avoir* **oder** *être* **im** *futur I* **+ participe passé.**

Beispiel: j'aurai aimé, je serai allé(e), …

Conditionnel II (= conditionnel du passé)

Das *conditionnel II* wird gebildet mit dem
Hilfsverb *avoir* **oder** *être* **im** *conditionnel I* **+ participe passé.**

Beispiel: j'aurais aimé, je serais allé(e), …

Plus-que-parfait

Dieses wird gebildet mit den
Hilfsverben *avoir / être* im *imparfait + participe passé.*

Beispiel: j'avais aimé, j'étais allé(e), …

Damit haben Sie die Bildung aller Zeiten der Spirale im Griff. Probieren Sie Ihre Kenntnisse gleich aus:

Übung 1:	**Üben Sie die Formen der folgenden Verben in der Reihenfolge der „Zeitspirale" in der jeweils angegebenen Person.**

apprendre	(1. Person, Singular): _____
grandir	(3. Person, Singular): _____
menacer	(2. Person, Singular): _____
poursuivre	(3. Person, Plural): _____
réfléchir	(1. Person, Singular): _____
paraître	(1. Person, Plural): _____
courir	(2. Person, Plural): _____
satisfaire	(3. Person, Singular): _____

z. B.:

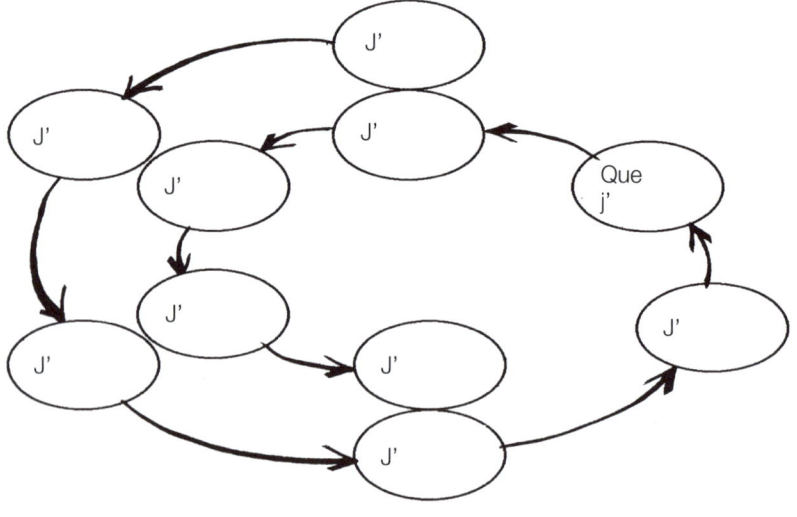

B ◢   Die Funktion der Vergangenheitszeiten

Passé composé und passé simple

Mit *passé composé* und *passé simple* werden **Vorgänge** bezeichnet, die in der **Vergangenheit** stattgefunden haben und bereits **abgeschlossen** sind. Daher sind beide Tempora geeignet, aufeinander folgende, jeweils abgeschlossene Vorgänge darzustellen. Allerdings wird das *passé simple* heute nur noch in der **geschriebenen Sprache** verwendet, z. B. in Zeitungsartikeln, Berichten, geschichtlichen Darstellungen und in der Literatur.
Das *passé composé* ist üblich in der **gesprochenen Sprache**, d. h. im **Alltagsgespräch**, wird aber natürlich auch geschrieben.

Der **Unterschied** zwischen *passé simple* und *passé composé* besteht allein darin, dass das *passé composé* aus der Sicht des Sprechers/Schreibers einen **Bezug zur Gegenwart** besitzt, meist wenn er von sich selbst spricht. Das *passé simple* hat keinen Bezug zur Gegenwart; es kommt häufig nur in der 3. Person vor.

Beide Tempora lassen sich graphisch so darstellen:

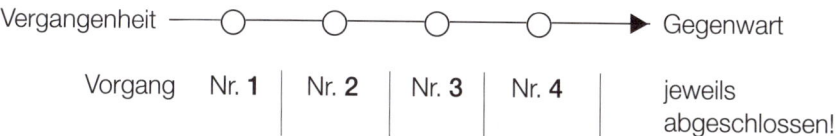

Vergangenheit ───○────○────○────○───▶ Gegenwart

Vorgang   Nr. **1** | Nr. **2** | Nr. **3** | Nr. **4**   jeweils abgeschlossen!

Beispiel: **1** Il **a pris** les valises, **2** il **a quitté** la maison, **3** il **est allé** à l'aéroport et **4 a pris** l'avion pour Paris.

Plus-que-parfait

Im *plus-que-parfait* stehen alle abgeschlossenen Handlungen / Vorgänge, die sich vor einem bestimmten Zeitpunkt in der Vergangenheit ereignet haben.
Die graphische Darstellung verdeutlicht die sogenannte „Vorzeitigkeit" des *plus-que-parfait*:

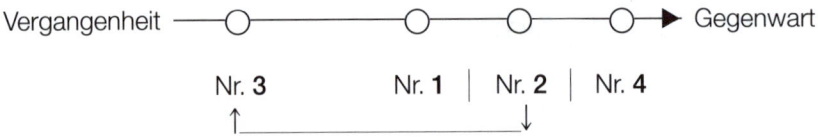

Beispiel: **1** Il a pris sa valise, **2** est monté dans sa voiture, **3** qu'il **avait achetée** trois mois avant, et **4** est allé à Paris.

Imparfait

Das *imparfait* wird verwendet für Vorgänge, die – wie der Name schon sagt – **nicht abgeschlossen** sind.
Zu einem bestimmten Zeitpunkt in der Vergangenheit haben diese Vorgänge **schon** angefangen und dauern **immer noch** an.

Die graphische Darstellung in Bezug auf *passé simple* oder *passé composé* zeigt deutlich, dass es sich hier um eine ganz andere Perspektive des Zeitgeschehens handelt:

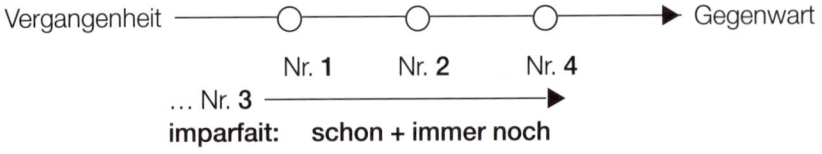

Beispiel: **1** Il a pris sa valise, **2** l'a mise dans sa voiture qui **3 se trouvait** devant sa maison et **4** est parti pour Paris.

Das Auto stand also während des Vorgangs 1 und 2 **schon** die ganze Zeit vor dem Haus und als er seinen Koffer in den Kofferraum packte, **immer noch** an dieser Stelle.

Futur antérieur

Das *futur antérieur* (futur du passé) ist zwar streng genommen keine Zeit in der Vergangenheit, es dient jedoch dazu, zu einem in der Zukunft gelegenen Vorgang eine „Vergangenheit", die immer noch in der Zukunft liegt, auszudrücken. Das *futur antérieur* hat also eine ähnliche Aufgabe wie das *plus-que-parfait,* der Bezugspunkt ist aber nicht die Vergangenheit, sondern die Zukunft.

Die graphische Darstellung zeigt die Parallelität der Zeitverhältnisse:

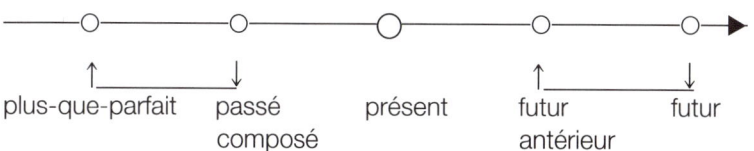

Wenn Sie nun alle Informationen aus den vorangegangenen Erläuterungen noch einmal Revue passieren lassen, wird es Ihnen nicht schwerfallen, in der folgenden Geschichte die richtigen Zeitformen einzusetzen.

Da der aktive Gebrauch des *passé simple* für das Abitur nicht gefordert wird, stehen die *passé simple*-Formen jeweils nach den *passé composé*-Formen in Klammern.

Beachte aber: Da es sich nicht um eine erzählte, sondern eine geschriebene Geschichte in der Vergangenheit handelt, würde ein Franzose das *passé simple* vorziehen!
Im Übrigen: In der direkten Rede steht *passé composé*, nicht *passé simple*! (siehe auch S. 17)

Un roman policier: Le vol du Calvados

Übung 2:   Mettez les infinitifs indiqués à la forme et au temps voulus par le contexte.

1. Une soirée paisible ...
L'année dernière, fin septembre, Hercule Calcul (être) en train de regarder tranquillement un film policier à la télé. Il (avoir) un verre d'un bon Saint-Emilion devant lui et (fumer) joyeusement sa pipe. Il (préférer) le tabac de sa pipe à la cigarette, imitant sa grande idole, Herlock Sholmès. Sa barbe (rappeler) plutôt le fameux Hercule Poirot, dont il (emprunter) aussi le prénom, comme le sien, Ernest, (ne jamais le convaincre). Notre ami (tenir) beaucoup à (se comporter) discrètement, mais un expert (pouvoir) ainsi identifier le détective sinon du premier du moins du deuxième coup d'œil.

2. Le voleur des Van Gogh ...

Dans le film qu'il (suivre) attentivement, un gangster (vouloir) voler quelques tableaux de Van Gogh. Ces œuvres d'art (exposer) dans une villa à Rouen, en Normandie. Le propriétaire, un monsieur Xavier, (quitter) sa maison à 23 heures et demie après (recevoir) un coup de téléphone mystérieux d'un homme qui l(e) (prier) de le rencontrer à l'entrée du cimetière derrière l'église. Comme il n'y (avoir) personne, M. Xavier (attendre) au moins une demi-heure, puis il (rentrer) à la maison. Mais il (arriver) trop tôt et (déranger) l'intrus*. M. Xavier (fulminer*) tout de suite contre le voleur, il (crier) au secours et (essayer) d'empêcher le malfaiteur de s'enfuir. Dans un court combat, les deux hommes (tomber) et (faire) tant de bruit que les voisins (appeler) la police. Les agents (venir) immédiatement et (tomber) sur les Van Gogh qui (s'empiler*) déjà à côté de la porte d'entrée ...

un intrus – Eindringling; *fulminer* – wettern, toben; *s'empiler* – sich stapeln

3. Une visite nocturne ...

Juste à ce moment, quelqu'un (frapper) à la porte de Hercule Calcul. Celui-ci (sursauter) et (laisser) tomber son verre bien (remplir). C(e) (ne pas être) un bon signe. Hercule Calcul (se lever), (aller) à la porte d'entrée et (ouvrir). Devant sa porte, il (voir) un paysan qu'il (connaître) bien depuis longtemps. C(e) (être) l'un des plus célèbres paysans de la France, M. Pommérie. Chaque année, il (remporter) le prix du meilleur Calvados du pays, qu'il (fabriquer) selon une recette compliquée de son arrière-grand-père. Personne ne la (connaître). Alors M. Pommérie (expliquer) à Hercule Calcul qu'il (recevoir) un coup de téléphone quelques minutes avant et qu'une voix obscure lui (ordonner) d'aller chez son voisin; celui-ci l(e) (attendre). Un peu inquiet, M. Pommérie (se conformer) à cette demande et (partir), non sans (fermer) soigneusement sa maison à clef.

4. La découverte ...

Hercule Calcul qui (voir) justement un cas comparable à la télévision, (rallumer) sa pipe qui (s'éteindre) pendant leur conversation et (mettre) son béret*. Les deux hommes (retourner) à la propriété de M. Pommérie et (s'apercevoir) tout de suite qu'une fenêtre au rez-de-chaussée (casser), comme c(e) (être) une fenêtre du salon où M. Pommérie (avoir) son coffre-fort* dans lequel il (enfermer) toujours sa précieuse recette de Calvados. Le détective (constater) quelques instants plus tard que ses soupçons (se confirmer).

le béret – Baskenmütze; *le coffre-fort* – Safe, Tresor

5. Le désespoir …

Quelques instants plus tard, M. Pommérie (se désespérer) et (se lamenter) à haute voix: «Mais qu'est-ce que je (faire) maintenant? Nous (être) juste en train de préparer le Calvados pour le grand **C**oncours **N**ational du **C**alvados. Sans recette, je (ne jamais arriver) à fabriquer un produit acceptable, capable de remporter le prix comme les 18 années passées. Mes concurrents (être) au comble de la joie* si je ne (participer) pas, cette année. Pour la première fois depuis des décennies,* ils (avoir) une véritable chance. C(e) (être) vraiment affreux. Et je ne la (connaître) pas par cœur, cette recette. J(e) (appliquer) tous les soins à la réaliser avec précision pour que le goût extraordinaire (se développer). C(e) (être) une procédure très complexe. Mes concurrents (éclater) de rire si je leur (dire) que je ne (posséder) plus ma recette. Mon Dieu! Quelle catastrophe!»

être au comble de la joie – sich freuen wie die Schneekönige; la décennie – Jahrzehnt

6. A la recherche de la bonne réputation …

H. C. (animer) de l'idée de pouvoir aider son pauvre voisin. Pour cette raison, il (examiner) le salon de près. Rien ne (être touché), seul le coffre-fort (être) grand ouvert et absolument vide. Mais quand même, il y (avoir) quelque chose de bizarre … Qui est-ce qui (pouvoir) s'intéresser à cette recette? L'industrie? Les Anglais qui (espérer) améliorer leurs recettes de whisky? Les Japonais qui (voir) un filon*? Ou vraiment les concurrents du CNC qui (essayer) d'éliminer le meilleur candidat? Sûrement ceux-ci. Ainsi H.C. (se poser) une question après l'autre. Et enfin, il (arriver) à un résultat logique. Quant aux preuves par indices*, il n'y en (avoir) que très peu. Mais peut-être cela (suffir). H.C. (chercher) le téléphone, (décrocher) et (appeler) les trois concurrents et ennemis de M. Pommérie. Tous les trois (être étonné). H.C. les (inviter) à venir voir immédiatement M. Pommérie sans leur dire la raison de cette exigence.

voir un filon – ein gutes Geschäft wittern; une preuve par indices – ein Indizienbeweis

7. L'erreur du voleur …

Une demi-heure plus tard, l'illustre compagnie (être assemblé) dans le salon de M. Pommérie. Tout de suite H.C. (mettre) son auditoire au courant des événements. Personne n(e) (bouger), jusqu'au moment où H.C. les (informer) d'un petit détail: Le voleur (commettre) une erreur fatale. Il (ne pas avoir) seulement volé la recette précieuse, mais en plus, il (ne pas résister) à la tentation de goûter une bonne bouteille de calvados que M. Pommérie (garder) à côté du coffre-fort. La bouteille (être) à moitié vide et toujours débouchée! Malheureusement, le calvados de cette bouteille (contenir) quelques substances chimiques avec lesquelles M. Pommérie (faire des expériences). Et H.C. (ajouter): «Maintenant, messieurs, il est à craindre que les effets que ces substances (susciter) dans deux heures, (avoir) des conséquences mortelles. Alors il n'y a plus qu'à attendre.»

8. L'aveu ...*
A ces mots, M. Roger d'Envie (sursauter), (pousser) des cris aigus en suppliant: «Un médecin, vite un médecin! Pourquoi est-ce que vous me (regarder) si étrangement? Aidez-moi! Qu'on (venir) à mon secours! Sinon je (mourir) dans deux heures!» Soudainement, un silence de mort (se répandre) dans le salon. Les hommes (baisser) les yeux. Sans mot dire, H.C. (décrocher) le récepteur, (composer) le numéro de la police judiciaire, puis il (se retourner) vers M. d'Envie et l(e) (mesurer) du regard. Après quelques instants, on (entendre) la sirène de la police. H.C. (bourrer*) sa pipe de nouveau et (s'adresser) à M. Pommérie: «Ne me (regarder) pas comme ça. Herlock Sholmès m(e) (montrer) comment faire perdre contenance à un malfaiteur. La concurrence déloyale de M. d'Envie m(e) (donner) l'idée de me comporter d'une manière analogue. La fin (justifier) les moyens. Hercule Poirot (s'enorgueillir*) de cette action à la française quand je la lui (raconter) la semaine prochaine. Bonne soirée, Messieurs. J(e) (abandonner) le terrain en laissant encore un peu de travail à mes collègues de la police.» Et il (rentrer) à la maison où il y (avoir) toujours un bon verre de vin à côté de son fauteuil devant la télé.

un aveu – Geständnis; *bourrer la pipe* – die Pfeife stopfen; *s'enorgueillir de qc* – stolz sein auf

Auswertung:
Natürlich werden einige Fragen an dieser Stelle offen bleiben. Daher stellen Sie zunächst fest, welche Formen Ihnen Mühe machen, dann können Sie in den anderen Kapiteln dieser „Übungs-Grammatik" gezielt trainieren:
⇒   Wenn Sie Unsicherheiten beim *accord du participe* bemerken, gehen Sie gleich zu Kapitel 2 über.
⇒   Schwierigkeiten in der Formenbildung und im Gebrauch des *subjonctif* werden in Kapitel 3 beseitigt, das Passiv üben Sie ausführlich in Kapitel 10.

Wenn Sie zum Schluss Ihrer Arbeit mit der „Übungs-Grammatik" diesen Text noch einmal bearbeiten, werden Sie den Erfolg Ihres Grammatik-Trainings am besten feststellen können.

Einstiegstest

Entscheiden Sie, welche *participe passé*-Formen in Genus und Numerus zu verändern sind und fügen Sie die entsprechenden Veränderungen an das Partizip an.

Une réaction positive …

Deux jours plus tard, M. Pommérie a raconté_____ son aventure à sa fille qui ne pouvait pas la croire. Tout à fait étonné_____, elle a appelé_____ Hercule Calcul et l'a remercié_____ pour son aide. H.C. avait préservé_____ son père et elle-même d'une perte financière énorme et d'un échec au CNC, deux faits qu'ils n'auraient pas pu_____ «réparer».

Quelle chance ils avaient eu_____ d'avoir un tel voisin! Les photos que la fille avait vu_____ dans le journal l'avaient impressionné_____. Un journaliste les avait pris_____ la nuit du crime et avait raconté_____ toute l'histoire aux lecteurs de la région. L'idée géniale de H.C. d'irriter le voleur avec une affirmation gratuite* qui aurait pu_____ être fausse l'avait beaucoup amusé_____.

Jamais elle ne s'était si peu ennuyé_____ que quand elle avait lu_____ cette aventure.

Du Comité du CNC, la fille de M. Pommérie a cru_____ entendre qu'on avait déjà exclu_____ le malfaiteur. Ses essais de parvenir à une recette parfaite de calvados ne pouvaient pas être accepté_____. En plus, elle s'était décidé_____ à inviter H.C. et son ami Hercule Poirot le jour de la distribution des prix. Combien d'heures émouvantes aurait-elle encore vécu_____ jusqu'à ce moment mémorable? Bien sûr, H.C. et Hercule Poirot se sont laissé_____ inviter et ils s'en sont souvenu_____ longtemps.

une affirmation gratuite – bloße Behauptung

⇒ Wenn Sie noch Unsicherheiten beim *accord* feststellen, dann können Sie diese häufige Fehlerquelle gleich zu Beginn der Übungsgrammatik beseitigen.

⇒ Sobald die Frage nach der Veränderung des *participe passé* auftritt, ist zuerst zu prüfen, mit welchem Hilfsverb *(avoir / être)* das Vollverb verbunden ist.

Dann sind zwei Arten von Verben zu unterscheiden:

A ▶ Die Gruppe der nicht-reflexiven Verben

Bei allen Verben, die **nicht reflexiv** sind, gelten folgende Regeln:

> **Regel 1:** Ist das *participe passé* eines nicht-reflexiven Verbs **mit *être*** verbunden, so wird das *participe* **in Genus und Numerus** nach dem **Subjekt** verändert.

Beispiel: Les filles **sont** allées à la librairie.

Und:

> **Regel 2:** Ist das *participe passé* eines nicht-reflexiven Verbs **mit *avoir*** verbunden, so wird es normalerweise **nicht verändert**, es sei denn, ein **direktes Objekt** geht **voraus** – dann wird das *participe* in **Genus und Numerus nach diesem direkten Objekt** verändert.

⇒ Zur Unterscheidung von direkten und indirekten Objekten vgl. auch Kapitel 7.

Beispiel: Les filles **ont** regardé les livres.
Aber: Les filles **les** ont regardés.

Da *les* ein **direktes Objekt** ist und *livres* **maskulinum, Plural**, muss an das *participe passé* **-s** angehängt werden.

Üben Sie diese Regeln gleich ein:

> **Übung 1:** **Accordez les participes où nécessaire.**

Les heures intéressantes que nous avons passé_____ nous ont donné_____ beaucoup d'informations sur le calvados. Combien de tonnes de pommes avait-on pris_____ pour un bon tonneau de calvados? M. Pommérie a préféré_____ enfermer sa recette à la Banque Nationale de Paris qu'on a toujours connu_____ comme absolument digne de confiance. La directrice que M. Pommérie a vu_____ pour la première fois, est une grande vieille dame qui a bien appris_____ son métier.

Eine Besonderheit gilt es zudem zu beachten:

> **Regel 3:** Stehen die *participe*-Formen von *faire, croire, devoir, pouvoir, savoir* und *vouloir* vor einem **Infinitiv,** so bleiben sie grundsätzlich **unverändert.**

Beispiel: **Les agents de police que** M. Pommérie a **fait** venir sont arrivés tout de suite.

Probieren Sie dies in der folgenden Übung aus:

> **Übung 2: Accord du participe ou pas?**

Cette fois-ci, la police qu'on a fait_____ appeler, était bien occupé_____ à poursuivre deux voleurs de voitures. On a cru_____ les reconnaître sur la Place de la Concorde à Paris, mais les témoins qu'on avait interrogé_____ ne pouvaient pas donner des informations exactes. La recherche que l'inspecteur de la police parisienne a dû_____ faire, n'était pas facile. Quelles difficultés il aurait pu_____ rencontrer, en se chargeant de la poursuite des hommes obscures, il ne se les était pas imaginé_____ dans ses rêves.

B ▸ Die Gruppe der reflexiven Verben

Hier wird das Vollverb **immer** mit dem **Hilfsverb** *être* verbunden! Zusätzlich gilt:

> **Regel 4:** Ist das **Reflexivpronomen** ein **indirektes Objekt,** so wird das *participe* **nicht verändert,** es sei denn (s. o.), es geht ein **direktes Objekt voran.** Dann richtet sich das *participe* nach dem vorangehenden direkten Objekt.

Beispiel: Ils **se** sont écrit une lettre.
→ Verbstruktur: **écrire** une lettre **à quelqu'un**

Da das **Reflexivpronomen indirektes Objekt** ist, darf das *participe passé* **nicht** verändert werden.

Aber: **Ils se** sont donné les informations nécessaires.
(indirektes Objekt)
Ils **se les** sont donné**es**. (indirektes + direktes Objekt!)

Ansonsten gilt wie bei den nicht-reflexiven Verben:

> **Regel 5:**   Ist das **Reflexivpronomen** ein **direktes Objekt,** so wird das *participe* **nach dem Subjekt verändert.**

Beispiel: Les inspecteurs de la police **se** sont trompé**s**.
Verbstruktur: tromper qn (= direktes Objekt)

> **Übung 3:**   **Faites l'accord du participe passé.**

A la recherche de la voiture rose des gangsters, les agents de police se sont souri_____. Ils avaient aperçu_____ la voiture que les gangsters avaient garé_____ derrière des autobus. Malheureusement, les bus s'en étaient allé_____ un peu plus tard et les agents se sont réjoui_____ de leur découverte. Mais les signes qu'ils se sont donné_____, ont été vu_____ par les chefs du groupe obscure et ceux-ci se sont hâté_____ de tromper la police. Ainsi, une fois de plus, les inspecteurs se sont fâché_____ d'avoir perdu_____ les gangsters.

Zum Schluss dieses Kapitels haben Sie nun die Möglichkeit, alle Phänomene in einer Übung gemischt anzutreffen.

Abschlusstest

Le pauvre inspecteur Clochard

Un beau matin, l'inspecteur Clochard longeait la rive gauche de la Seine à Paris et réfléchissait tranquillement. Il avait reçu_____ une affaire criminelle qu'il devait résoudre, mais pour l'instant, il n'avait aucune idée comment il devait agir.

Tout à coup, il s'est posé_____ une question intelligente: «Pourquoi ne pas consulter quelqu'un qui a beaucoup d'expérience dans ce domaine?»

A ce moment, Hercule Calcul a freiné_____ abruptement, sa voiture s'est arrêté_____ à côté de l'inspecteur Clochard et H.C. est descendu_____. Il a embrassé_____ son ami stupéfait et lui a proposé_____ d'aller manger ensemble.

Le pauvre Clochard, qui a bien sûr pensé_____ à son travail inachevé_____, l'a remercié_____ et lui a expliqué son problème: il devait trouver les gangsters qui avaient fait_____ un hold-up* à la Banque Nationale de Paris et qui avaient volé_____ 3 millions de francs disparu_____ sans laisser de traces.

«Mon pauvre ami, a répondu_____ H.C., je t'aurai bientôt aidé_____. Dans la grange derrière ma maison à la campagne, j'ai enfermé_____ quatre types qui se cachaient de la police. Pour cette raison je t'ai cherché_____. Si tu t'y intéresses, je te ferai un beau cadeau. Je les ai ficelé*_____ comme un paquet, et je t'en serais très reconnaissant si tu venais les chercher avant le week-end.»

un hold up – Banküberfall; *ficeler* – verschnüren, verpacken

⇒ Weitere Übungen zum *accord du participe passé* in Verbindung mit den Objektpronomen und Pronominaladverbien finden Sie in Kapitel 7.

⇒ Sind Sie zum Schluss über den *Si*-Satz „gestolpert", so lesen Sie die Regeln in Kapitel 5 nach.

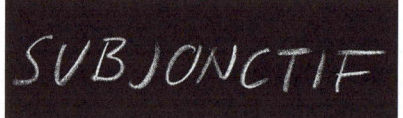

3

Um den Gebrauch des *subjonctif* in den „Griff" zu bekommen, gehen Sie doch mit uns auf eine kleine Reise.

Die Crew des Französischkurses hat die „Nase voll" vom Trockentraining im Grammatikunterricht und begibt sich still und heimlich aufs Wasser, um hier in freundlicher Umgebung und ohne Kursleiter (!) das Pensum für die nächste Prüfung zu bewältigen. Und so gehen zur Geisterstunde 12 wagemutige Schülerinnen und Schüler an Bord der Segelyacht „Succès", bereit für das Abenteuer *subjonctif*! Ziel ist die Karibikinsel La Martinique.

Doch schon beim Ablegemanöver gilt es, erste Hürden zu überwinden. Wenn Sie feststellen wollen, inwieweit Ihr Wissen schon gefestigt ist und in welchen Bereichen Sie Lücken schließen und den Gebrauch des *subjonctif* trainieren müssen, dann machen Sie den folgenden Einstiegstest. Das Ergebnis wird Ihnen den Weg durch dieses Kapitel weisen.

Einstiegstest

Indicatif oder *subjonctif*? Setzen Sie die richtige Verbform ein!

A l'âge de 18 ans, la vie n'est pas facile du tout! Mes parents ne veulent pas que je _____ (faire) un apprentissage après l'école. Ils exigent que j(e) _____ (aller) à l'université pour faire des études de médecine malgré mes mauvaises notes. Ils disent que je _____ (devoir) avoir une meilleure vie qu'eux-mêmes. Mais quel travail!

Ma sœur aussi aimerait mieux que nous _____ (travailler) dans une entreprise pour gagner de l'argent tout de suite. Il est temps que nous _____ (recevoir) un peu d'argent. Il faut trouver une solution avant qu'il _____ (être) trop tard et nos parents nous _____ (énerver) trop.

Mon père ne dit jamais ce qu'il pense de sorte que nous _____ (ne pas pouvoir) parler avec lui. Notre mère trouve dommage que ses filles _____ (ne pas obéir) à leurs parents. On ne peut pas discuter avec elle sans qu'elle _____ (vouloir) arriver à ses fins.

Hier, nous avons pris une décision: nous quitterons la maison jusqu'à ce que nous _____ (avoir) trouvé une solution.

Est-ce que nous sommes les seuls jeunes de 18 ans qui _____ (avoir) ces problèmes-là? J'espère que vous les _____ (résoudre) quand vous aurez 18 ans.

Auswertung:

⇒ Stellen Sie nur wenige Fehler fest, versuchen Sie sich gleich an den gemischten Übungen 10 und 11.

⇒ Haben Sie noch Schwierigkeiten mit den Formen des *subjonctif* und benötigen Sie ein gründliches Training, so gehen Sie die folgenden Übungen der Reihe nach einzeln durch und verschaffen Sie sich so einen genauen Überblick.

A ◣ Zur Bildung des *subjonctif*

Bitte beachten Sie die grundsätzlichen Überlegungen:

Der *subjonctif présent* (jederzeit ausreichend für die französische Standardsprache!) wird folgendermaßen gebildet:

1. Man nimmt die Form der 3. Person Plural des Präsens: z. B. ils aim**ent**

2. davon streicht man die Endung **-ent** ab: **aim-,**

3. an den so verbleibenden Stamm des Verbes werden nun die Endungen des *subjonctif* angehängt; sie lauten für alle Verben außer *avoir* und *être*:

- e **- es** **- e** **- ions** **- iez** **- ent**	● die Endungen im Singular und die Endung in der 3. Person Plural entsprechen also denen des Präsens, ● die Endungen der 1. und 2. Person Plural sind die Endungen des *imparfait*

Übung 1: Mettez les formes du subjonctif.

Infinitiv, Präsens	3. Person Plural	subjonctif-Form
regarder	ils regard-ent	→ que je regard-e
aimer	ils aim-ent	→ que je _____
attendre	ils attend-ent	→ que j(e) _____
descendre	ils descend-ent	→ que je _____
finir	ils finiss-ent	→ que je _____
connaître	ils connaiss-ent	→ que je _____

Bitte beachten Sie:

Bei den unregelmäßigen Verben kann es zu verschiedenen Erscheinungen kommen:

a) Unregelmäßige Verben, bei denen die 1. und 2. Person Plural den Stamm des Infinitivs wieder aufnehmen, bilden damit auch den *subjonctif*!

  Beispiel: Infinitiv: **dev**oir
  Präsens: je dois, tu dois, il doit, nous **dev**ons, vous **dev**ez, ils doivent
  subjonctif: que je doive, … **aber:** que nous **dev**ions, que vous **dev**iez, qu'ils doivent

b) Zudem gibt es viele **unregelmäßige Verben**, die im *subjonctif* **Sonderformen** bilden!
  Hier hilft nur die bewährte Methode: Auswendig lernen!

Avoir und *être* „tanzen" wie immer aus der Reihe:

avoir:	être:
que j'aie	que je sois
que tu aies	que tu sois
qu'il ait	qu'il soit
que nous ayons	que nous soyons
que vous ayez	que vous soyez
qu'ils aient	qu'ils soient

● Zur Bildung des *subjonctif*

Sonderformen:

Die folgende Liste der Sonderformen ist sicher nicht vollständig, sie enthält jedoch die wichtigsten Verben, die in Ihren Prüfungen immer wieder vorkommen und Ihnen helfen sollen, häufige Fehlerquellen zu vermeiden.

Infinitiv	*subjonctif,* **1. Pers. Sing.**	*subjonctif,* **1. Pers. Plur.**
aller	que j'aille	que nous allions
boire	que je boive	que nous buvions
croire	que je croie	que nous croyions
devoir	que je doive	que nous devions
envoyer	que j'envoie	que nous envoyions
faire	que je fasse	que nous fassions
falloir	qu'il faille	
fuir	que je fuie	que nous fuyions
mourir	que je meure	que nous mourions
pleuvoir	qu'il pleuve	
pouvoir	que je puisse	que nous puissions
prendre	que je prenne	que nous prenions
savoir	que je sache	que nous sachions
tenir	que je tienne	que nous tenions
valoir	qu'il vaille	
venir	que je vienne	que nous venions
voir	que je voie	que nous voyions
vouloir	que je veuille	que nous voulions

Übung 2: Entraînez-vous en conjugant les verbes indiqués au subjonctif.

voir	que _____
plaire	que _____
suivre	que _____
mouvoir	que _____
conclure	que _____
résoudre	que _____
nettoyer	que _____
acquérir	que _____

B  Der Gebrauch des *subjonctif*

Nachdem Sie nun die Formen bilden können, lassen Sie uns einen Blick auf den Gebrauch des *subjonctif* werfen. Er sollte nicht automatisch mit dem deutschen Konjunktiv gleichgesetzt werden! *Subjonctif* und Konjunktiv haben klar zu unterscheidende Funktionen:

Der **deutsche Konjunktiv** findet seine Verwendung in der **indirekten Rede**.

Der **französische *subjonctif*** ist eine typische Erscheinung der französischen Sprache, die in Zusammenhängen vorkommt, in denen im Deutschen in der Regel Indikativ steht!

Ausschlaggebend für die Verwendung des *subjonctif* ist die **Bedeutung**. Enthält ein Ausdruck eine **gefühlsmäßige, persönliche Bewertung** des im Satz ausgedrückten Geschehens, so folgt der *subjonctif*.

Beispiel 1:   Je **regrette** que tu ne **viennes** pas.
Je **désire** qu'on ne **fasse** pas de bruit.

Hier drückt der Sprecher sein Bedauern bzw. seinen Wunsch oder Willen aus, er gibt der Aussage eine persönliche Wertung mit:
→   also steht im Nebensatz der *subjonctif!*

Beispiel 2:   Je **trouve** que tu **fais** beaucoup de progrès.
= neutrale Äußerung, ohne persönliche Bewertung

Aber: **Je trouve bon** que tu **fasses** beaucoup de progrès.
= persönliche Wertung des Geschehens!

Wenn Sie zwischen *indicatif* und *subjonctif* entscheiden müssen, beachten Sie, dass das (satz)einleitende Element, das den *subjonctif* **auslöst**, diese gefühlsmäßige, persönliche Bewertung enthalten muss. **Auslöser** können Verben, Adjektive, Nomen, unpersönliche Ausdrücke oder Konjunktionen sein.

Regel 1:	**Tatsache,** ohne persönliche Wertung → **Indicatif**
	Wille, Wunsch, Befehl, Bedauern, etc.,
	also persönliche Wertung des Geschehens → **Subjonctif**

Die nun folgenden Übungen gehen gezielt auf die einzelnen Gruppen von „*subjonctif*-Auslösern" ein und werden Ihnen in kurzer Zeit Sicherheit im Gebrauch des *subjonctif* geben!

Der Gebrauch des *subjonctif* nach Verben

Aufwärmtraining: Nach **il faut** steht immer *subjonctif!*

Übung 3: Mettez les formes correctes.

Die Crew der Segelyacht „Succès" überlegt, was sie mit an Bord nimmt:

Barbara: Il faut que nous _____ (amener) nos grammaires!

Christophe: Mais non, il faut surtout qu'on _____ (mettre) assez de bière sur ce bateau!

Dagmar: Ah non, mon cher, il faut que nous _____ (prendre) beaucoup de fruits et de légumes.

Martine: D'accord, mais il faut d'abord que tout le monde _____ (être) arrivé avant de partir!

Melanie: Il faut de toute façon qu'on _____ (partir) vite, sinon on n'arrivera jamais à la Martinique!

Annette: Alors il faut absolument qu'on s'en _____ (aller).

Matthias: Oui, il ne faut pas que nos parents nous _____ (retenir) au dernier moment! Allons-y mes amis!

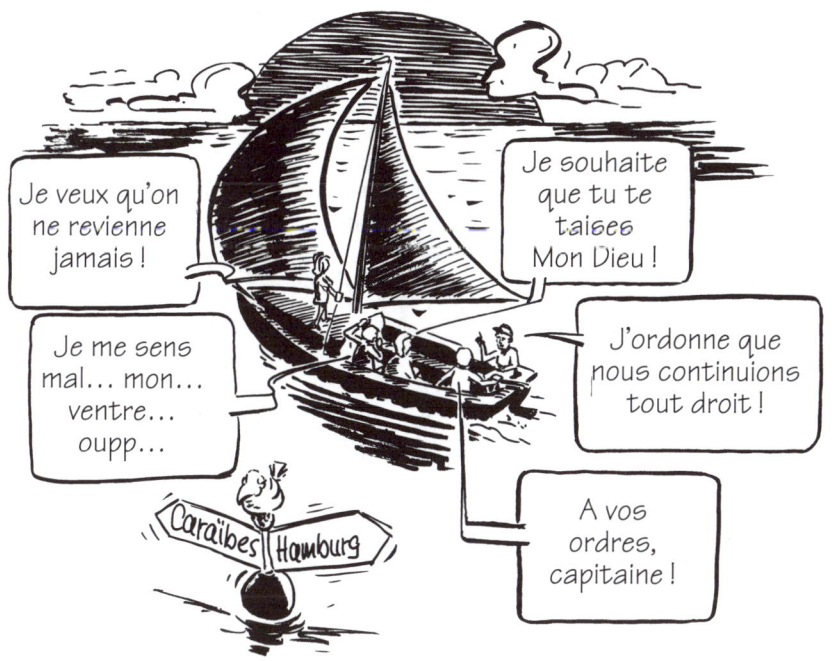

Verben, die den *subjonctif* auslösen:

Um Fehler zu vermeiden, merken Sie sich folgende Verben, nach denen **immer** *subjonctif* steht:

(dés)approuver que	(miss)billigen
vouloir que	wollen
admirer que	bewundern
aimer (mieux) que	lieben, lieber haben
s'indigner que	sich entrüsten
préférer que	vorziehen
se plaindre que	sich beklagen
détester que	verabscheuen
se réjouir que	sich freuen
désirer que	wünschen
souhaiter que	wünschen
s'étonner que	sich wundern
avoir besoin que	brauchen
avoir envie que	Lust haben
craindre que	befürchten
interdire que	untersagen
avoir peur que	Angst haben
refuser que	ablehnen
exiger que	fordern
éviter que	vermeiden
tenir à ce que	darauf Wert legen
consentir à ce que	zustimmen
permettre que	erlauben
accepter que	akzeptieren

Bitte beachten Sie:

Die meisten Verben können nur dann einen *que*-Satz anschließen, wenn Haupt- und Neben-(*que*-)Satz zwei unterschiedliche Subjekte haben. Bei Subjektgleichheit steht eine Infinitivkonstruktion!

Beispiel: *Je regrette de ne pas pouvoir t'écrire.*
Ich bedauere, dass ich dir nicht schreiben kann.

Mit neuem Wissen gestärkt, üben Sie bitte weiter und setzen Sie die richtige *subjonctif*-Form ein:

Übung 4:	Mettez la forme correcte du subjonctif.

Les premiers commentaires des élèves après le départ clandestin du port de Hambourg:

Kerstin: Je veux qu'on (ne plus jamais revenir) à l'école.

Steffi: J'aimerais mieux que ce bateau (ne plus bouger), j'ai déjà mal au ventre.

Matthias: Vous désirez que nous (commencer) à travailler sur le subjonctif?

Stella: Eh oui, mon cher, on veut que tu (faire) tes devoirs maintenant.

Anja: Mais non, imbéciles, permettez que nous (jouir) de ce lever de soleil fascinant.

Sonja: Vous autres, souhaitez-vous aussi que nos profs (pouvoir) nous voir ici?

Anja: Je préfère qu'ils (ne pas savoir) où nous nous trouvons en ce moment.

Martine: J'interdis qu'on (parler) des profs et de l'école en ma présence.

Christophe: J'attends que vous (ne pas gâcher) la bonne humeur des autres.

Annette: Et moi, je demande que vous (s'arrêter) de vous disputer.

Melanie: Tu as raison, notre projet ici exige de nous que nous (réussir); alors au travail, mes copains!

Bitte beachten Sie:

Einige Verben, die unterschiedliche Bedeutungen haben, können mit nachfolgendem Indikativ **oder** *subjonctif* stehen.

Unterscheiden Sie:

Infinitiv	Bedeutung mit Indikativ	mit subjonctif
admettre	zugeben	akzeptieren
comprendre	verstehen, begreifen	verstehen, Verständnis haben
demander	fragen	bitten, verlangen
dire	sagen	bitten, befehlen
écrire	schreiben	bitten, befehlen
être d'avis	der Meinung sein	vorschlagen

Übung 5: **Remplacez les infinitifs entre parenthèses par la forme correcte; mettez le temps qui convient.**

Un peu de travail sérieux

Melanie, dynamique et sportive, capitaine de l'équipe, se met à la grammaire et donne aux autres un texte traitant les verbes de volonté, de sentiment, de déclaration et d'opinion.

Une histoire vraie

Un jour, Gabrielle reçoit un coup de téléphone de sa sœur Sabine. Elle lui annonce que leurs parents, lui ayant rendu visite, _____ (être) en train de repartir et dit à Gabrielle:

«Mon mari m'a demandé que je t'_____ (appeler). Nos parents _____ (ne plus voir) très bien; et ils se plaignent que monter les escaliers par exemple les _____ (fatiguer). Mais tu les connais! J'espère qu'ils _____ (rentrer) bien. Ici, dans les Alpes, il neige beaucoup. Je ne sais pas pourquoi, mais je m'inquiète. Souvent, je regrette qu'ils _____ (être) déjà si vieux. Mais on ne peut pas douter qu'ils _____ (s'amuser) quand même.

Je ne crois pas qu'ils en _____ (avoir) seulement discuté, de rentrer à la maison. Penses-tu que ces deux-là _____ (pouvoir) faire des bêtises? J'ai peur que la police nous _____ (annoncer) encore une fois qu'ils _____ (emprunter) une grosse moto à side-car* BMW et _____ (participer) au tour de France. Tu te rappelles? L'année dernière, tous les cyclistes du tour _____ (se plaindre) que mémé et pépé _____ (avoir) mis en désordre la compétition sur les Champs-Elysées en poussant des cris de joie «ätsch, on va plus vite, on va plus vite»!

J'adore que nos parents _____ (être) toujours actifs. On ne sait jamais ce qui va leur venir à l'esprit cette fois-ci. Au cas où ... je demande seulement que tu me _____ (tenir) au courant même si tu comprends que je _____ (ne rien pouvoir) faire.»

(une moto) à side-car – mit Beiwagen

Haben Sie alle Formen richtig eingesetzt?

Wenn ja, lassen Sie die folgende Übung aus und gehen Sie gleich weiter zur nächsten Übung mit Adjektiven, die den *subjonctif* auslösen.

Sollten Sie Unsicherheiten festgestellt haben, so trainieren Sie noch einmal mit der Fortsetzung der Geschichte:

Übung 6: De même.

Une histoire vraie (suite)

Le soir, Gabrielle attend ses parents, mais ils n'apparaissent pas. Après deux jours, elle s'étonne qu'ils _____ (ne pas arriver). Dix jours plus tard, elle regrette qu'ils _____ (ne pas avoir) passé au moins un coup de téléphone, puis elle ne supporte plus qu'on la _____ (faire) attendre. Elle informe sa sœur que leurs parents _____ (ne pas avoir) donné signe de vie et appelle la police.

Agent: Allô?

G: Je regrette, monsieur, que ma sœur et moi, nous _____ (devoir) vous déranger de nouveau. Pourriez-vous nous aider s'il vous plaît?

A: Il faut d'abord que vous me _____ (donner) des informations plus exactes. Je vous propose qu'on _____ (se réunir) ici dans mon bureau au commissariat et qu'on _____ (dresser) un plan de bataille pour retrouver vos parents. Tout d'abord je vais informer «Interpol».

G: Je redoute beaucoup qu'ils _____ (avoir) eu un accident, monsieur, mais j'avoue aussi que nous _____ (craindre) qu'ils (se rendre) aux Etats-Unis pour essayer de participer au prochain vol spatial* allant sur la lune*.

le vol spatial – Raumflug; *aller sur la lune* – zum Mond fliegen

Nach Beendigung ihres Verb-Trainings stellen die Crew-Mitglieder fest, dass ihre Yacht bereits den Ärmelkanal passiert hat und sich auf die französische Küste zubewegt.

Der Gebrauch des *subjonctif* nach Adjektiven

Nach folgenden Adjektiven steht immer automatisch der *subjonctif:*

Il est / C'est + Adjektiv + que		
agréable	(in)utile	indispensable
amusant	logique	(in)juste
bête / bon	mauvais	regrettable
étonnant	naturel	nécessaire
faux	normal	drôle
honteux	surprenant	bien / mal
important	triste	terrible
(im)possible	étrange	sensationnel
intéressant	inévitable	sympatique

Damit ist die folgende Übung ein „Kinderspiel" für Sie!

Übung 7:   Mettez les formes correctes du subjonctif.

Un entretien entre les amis qui se trouvent sur notre bateau

1. Je suis content que nous _____ (avoir) avancé dans notre projet.
2. Et moi, je suis étonné que vous _____ (travailler) vraiment. Je ne l'aurais jamais cru!
3. Moi, je suis malheureuse que tu _____ (vouloir) minimiser notre engagement.
4. Arrêtez donc, je suis très triste que vous _____ (savoir) tous plus que moi, c'est décevant!
5. Ne sois pas fâché que tu _____ (commettre) toujours des fautes, cela s'améliorera bientôt si tu continues à étudier.
6. Quand même, je suis gêné que tu _____ (résoudre) tous les problèmes en deux minutes.
7. Eh bien, mes amis, je suis ravi que vous _____ (paraître) si dynamiques, mais moi, j'ai simplement faim. Je meurs de faim!

8. Mon cher, je suis charmé qu'il y _____ (avoir) encore un être humain aux besoins normaux sur ce bateau!

9. Vas-y copain, moi, personnellement, je suis stupéfaite que notre bateau _____ (suivre) correctement son chemin. Capitaine Melanie, chapeau!

Der Gebrauch des *subjonctif* nach Substantiven

Für die **Ausdrücke mit Substantiv**, die den *subjonctif* **auslösen**, gilt nach wie vor die gleiche Bedingung: Sie müssen eine gefühlsmäßige Bewertung des Geschehens im Nebensatz beinhalten; damit entsprechen sie prinzipiell den Ausdrücken mit Adjektiven.

Beispiele: Il est **malheureux** que tu ne **viennes** pas.
Adjektivischer Ausdruck

C'est un **malheur** que tu ne **viennes** pas.
Substantivischer Ausdruck

Fazit: **Persönliche Wertungen** lassen sich häufig **sowohl mit adjektivischen als auch mit substantivischen Konstruktionen** ausdrücken. Wichtig für die Entscheidung, ob *subjonctif* steht oder nicht, ist nur die Bedeutung des satzeinleitenden Elements!

Eine kleine Liste soll Ihnen wieder einen Überblick über die wichtigsten Ausdrücke mit Substantiven geben:

C'est ...

une chance que
une honte que
un malheur que
dommage que
une chose curieuse / ennuyeuse / bizarre / étrange / etc ... que
un fait étonnant / remarquable / sensationnel / etc ... que

Übung 8: Mettez les verbes indiqués aux formes correctes.

Pendant la visite du Mont-St-Michel, le guide donne beaucoup de détails historiques. Après, on entend divers commentaires:

1. C'est une chance que les pélerins au Moyen Âge _____ (avoir) trouvé un endroit où ils étaient protégés.
2. Et c'est une chose curieuse que l'industrie hôtelière et le commerce des souvenirs _____ (dater) de l'époque médiévale.
3. Mais c'est une honte qu'il y _____ (avoir) eu des prêtres qui ont touché des revenus sans exercer leur charge.
4. C'est un fait remarquable que les nobles _____ (pouvoir) s'y retirer pendant la Révolution française et _____ (s'enfuir) en Angleterre en bateau.
5. C'est une chose ennuyeuse que la transformation de l'abbaye en prison _____ (contribuer) beaucoup au déclin du Mont-St-Michel.
6. Aujourd'hui, c'est un malheur que les marées _____ (ne plus fonctionner) et c'est vraiment dommage que le Mont-St-Michel _____ (ne plus être) entouré de la mer.
7. Mon désir est que les visites guidées _____ (s'effectuer) par petits groupes. Les masses de touristes qui se trouvent ici m'énervent.
8. Mon souhait est que tu _____ (se taire) un peu, mon cher, regardenous, on est aussi des touristes.
9. La peur que je _____ (devoir) vivre ici, tout à fait entouré de pierres historiques et de touristes innombrables toute l'année, me fait repartir.
10. Alors, mes copains, c'est une chance qu'il _____ (falloir) continuer notre voyage. Retournons au bateau!

Der Gebrauch des *subjonctif* nach unpersönlichen Ausdrücken

Arrivés à Concarneau, un célèbre port de pêche en Bretagne, les copains écrivent une liste des choses qu'ils doivent acheter pour la grande traversée de l'Atlantique. En petits groupes, ils vont en ville.

Nach vielen **unpersönlichen Ausdrücken** steht **automatisch** *subjonctif*. Hier eine Auswahl der wichtigsten Ausdrücke:

il faut que	il suffit que	il arrive que
il faudrait que	il vaut mieux que	il est exact que
il convient que	il est (grand) temps que	comment se fait-il que
il importe que	il semblerait que*	d'où vient que
peu importe que	il paraîtrait que*	

Bitte beachten Sie:
Nach *il me semble que* und *il paraît que* steht jedoch **Indikativ**!

Übung 9: Mettez la forme correcte.

Sonja, Dagmar, Anja et Melanie font leurs achats et s'amusent. D'abord, elles vont au marché et s'arrêtent devant un stand de légumes où les filles écoutent une discussion entre la marchande (M) et une dame (D) de 35 ans:

M: Il est évident que de nombreux hommes politiques de ce célèbre port de pêche ne _____ (mériter) pas leur position importante. Ils parlent toute la journée mais ils ne font rien.

D: Oui, bien sûr, mais croyez-moi, il est impossible qu'on _____ (recevoir) beaucoup d'argent de la ville de Concarneau et de l'Etat et qu'on ne _____ (faire) rien pour les centaines de chômeurs ici.

M: C'est surtout la nuit qu'on voit que Concarneau est un grand port de pêche. C'est toujours à minuit, me semble-t-il, qu'il y _____ (avoir) le plus d'activités.

D: Oui, oui, madame, mais maintenant il vaut mieux qu'on _____ (retourner) à notre propre problème. Il paraît peu vraisemblable que les prix _____ (se stabiliser).

M: Il vaudrait mieux que nous _____ (s'adapter) à des conditions de vie moins agréables. Les prix montent, les conserveries ferment peu à peu et mon mari m'a dit l'autre jour que je _____ (devenir) vieille.

D: Oh là, là, ma chère dame, dans ce cas-là il est grand temps que vous _____ (remplacer) ce mari par un autre plus jeune!

⇒ Haben Sie alles fehlerlos im Griff? Wenn ja, dann überspringen Sie die nächsten beiden Übungen und machen Sie gleich mit den Konjunktionen weiter!

⇒ Wenn Sie noch ein bisschen trainieren möchten, gibt es zwei gemischte Zusatzübungen:

Übung 10: Exercice mixte.

Les garçons du groupe, Matthias et Christophe, font des achats privés dans un petit magasin. Bien cachés dans un coin, on n'entend que leurs voix: écoutez et mettez la forme correcte de l'infinitif indiqué entre parenthèses.

1. Je suis d'avis qu'on (prévenir) au moins le capitaine Melanie.
2. Non, il n'est absolument pas sûr qu'elle (être) d'accord.
3. Il est tout à fait certain qu'elle (refuser) totalement la responsabilité pour notre achat.
4. Mais il est compréhensible qu'elle (réagir) de cette manière.
5. Il serait même naturel qu'elle nous (flanquer) à la porte.
6. Je désirerais qu'elle nous le (permettre).
7. Tu exiges que nous (discuter) sans elle.
8. Je m'étonne que tu me (poser) cette question, mais je ne l'achèterais pas.
9. Il vaudrait mieux que nous la (persuader) d'accepter un tout petit animal sur le bateau.
10. A mon avis, il n'y a aucun doute qu'elle nous (demander) si nous (être) fous. Mais tu as raison: achetons ce petit crocodile, il est vraiment mignon!

Übung 11: Exercice mixte.

Quand tous les achats sont effectués, les filles, Barbara, Steffi, Kerstin et Annette se rencontrent dans un petit café dans le vieux port et bavardent.

Barbara: Je suis d'avis que ce _____ (être) les «vacances» les plus agréables de ma vie.

Steffi:	Oui, il est compréhensible que tu _____ (arriver) à cette conclusion, je suis contente que nous _____ (avoir) eu le courage de partir ensemble.
Kerstin:	Je trouve que vous _____ (avoir) raison, et je trouve bien que nous _____ (s'entendre) si bien.
Annette:	J'admets que nous _____ (avoir) couru un risque indéniable, mais maintenant il faut qu'on _____ (admettre) que le voyage _____ (se dérouler) tranquillement.
Steffi:	Imaginez-vous que chacun _____ (vouloir) le contraire de ce que l'autre (souhaiter).
Annette:	Je suis d'avis qu'on _____ (ne pas y penser). Cela pourrait nous gâcher la bonne humeur.
Barbara:	Oui, j'ai l'impression qu'il _____ (falloir) retourner pour ne pas arriver en retard.
Annette:	Je suis presque persuadée que nous _____ (avoir) acheté trop de provisions pour notre prochaine étape.
Kerstin:	Il est préférable que les armoires et le frigo du bateau _____ (être) bien remplis.
Steffi:	Et il est indispensable que tu _____ (relire) notre liste pour vérifier la quantité du chocolat demandé.
Barbara:	Je ne suis pas chef ici, mais j'ordonne maintenant qu'on _____ (se dépêcher)! Allons-y!

Der Gebrauch des *subjonctif* in selbstständigen Sätzen

> **Regel 2:** Der *subjonctif* steht in **selbstständigen Sätzen** (Hauptsätzen) **mit *que*** am Satzanfang (Ausrufe, die meist einen Befehl ausdrücken) **und ohne *que*** am Satzanfang (Ausrufe, die einen Wunsch ausdrücken).

Beispiele: **Que** le week-end **vienne!**
Sois là avant 20 heures!
Vive le week-end!
Vivent les vacances!

Sie sehen, *que* kann am Satzanfang stehen, muss aber nicht zwangsläufig dort gesetzt werden.

> **Regel 3:** Der subjonctif steht auch in einem **vorangestellten Que-Satz.**

Beispiel: **Que** tu **sois** un champion du monde de canoë, c'est connu.

> **Übung 12: Mettez la forme correcte.**

Deux jours après le départ de France, il y a un vent très fort et un temps affreux. Les amis sont un peu inquiets. Qu'est-ce qui leur vient à l'esprit?
Marquez d'une croix ce qu'ils pourraient penser, puis mettez la forme correcte du subjonctif dans chaque phrase.

☐ (Vivre) la mer!
☐ (Vivre) la France!
☐ Que personne ne (quitter) le bateau!
☐ Que personne ne (tomber) dans l'eau!
☐ Honni (être) qui mal y pense.

● Der Gebrauch des *subjonctif*

- ☐ Que le diable (emporter) le vent et la mer, je le désirerais ardemment!
- ☐ Maman, que tu (venir) à mon secours!
- ☐ Que tous les goguelins (Klabautermänner) nous (protéger)!
- ☐ Que mon estomac (se taire), ce n'est pas sûr!
- ☐ Que Paul Bocuse (ne pas venir) ce soir pour faire la cuisine!
- ☐ Qu'on me (donner) mes lunettes, je ne vois rien!
- ☐ (Advenir) que pourra, je sauverai ma grammaire!

Der Gebrauch des *subjonctif* nach Konjunktionen und konjunktionalen Ausdrücken

Um Ihnen das Lernen zu erleichtern, folgt hier eine Übersicht über die wichtigsten Konjunktionen, nach denen *subjonctif* steht.

Temporale Konjunktionen (Ausdruck eines **zeitlichen** Verhältnisses):

avant que	bevor
jusqu'à ce que	(solange) bis
en attendant que	(in der Zeit) bis

Aber: après que + Indikativ
(oder: *subjonctif* in Analogie zu *avavt que* vor allem in der gesprochenen Sprache inzwischen häufig verwendet!)

Kausale Konjunktionen (Ausdruck eines **Grundes**):
Während alle anderen Konjunktionen mit Indikativ stehen, werden die folgenden Konjunktionen mit *subjonctif* verwendet:

afin que	damit
pour que	damit
de peur que (ne)	damit nicht
de crainte que (ne)	damit nicht
de façon (à ce) que	so, dass*
de manière que	so, dass*
de sorte que	so, dass*

* Vorsicht: Der *subjonctif* steht bei **beabsichtigter** Folge,
der *indicatif* bei **tatsächlicher** Folge (**konsekutive** Konjunktionen!).

Konsekutive Konjunktionen (Ausdruck einer **Folge**):
Diese stehen stets mit Indikativ, außer:

sans que	ohne, dass

Konzessive Konjunktionen (Ausdruck einer **Einräumung**):
erfordern den *subjonctif:*

bien que *quoique* *encore que* *malgré que*	obwohl, obschon, obgleich
si (grand) qu'il soit *tout (grand) qu'il soit*	so (groß) er auch (immer) sein mag

Hypothetische Konjunktionen (Ausdruck einer **Annahme**):

à supposer que	angenommen, vorausgesetzt, dass
pourvu que	• vorausgesetzt, dass
à condition que	unter der Bedingung, dass
à moins que (ne)	es sei denn, dass
(pour peu que)	(= verstärktes *si*)

Alle anderen in den Prüfungen üblicherweise vorkommenden Konjunktionen erfordern den Indikativ oder lassen (mit geringfügigen Bedeutungsnuancen) sowohl Indikativ als auch *subjonctif* als nachfolgenden Modus zu.

Encore 100 milles marins* jusqu'à La Martinique

Après trois semaines passées en mer par tous les temps*, Christophe et Matthias sont un peu en doute au sujet de la direction que suit leur yacht à voile. Une discussion véhémente en résulte:

Le mille marin – Seemeile; *par tous les temps* – bei Wind und Wetter

Übung 13: Regardez bien les conjonctions et décidez-vous: indicatif ou subjonctif?

1. Malgré que nous (avoir navigué) exactement, je suis un peu désorienté.
2. Ce n'est pas que je (vouloir) te contrarier, mais moi, je doute aussi.
3. Nous avons continué tout droit, sous prétexte que le soleil (se coucher) chaque soir juste devant nous.
4. Vos arguments sont bien romantiques, étant donné que le soleil (être) un facteur bien stable de notre environnement.
5. Je n'ai pas vu de panneau depuis que nous (partir).
6. Au lieu que vous (reconnaître) les qualités de notre capitaine, vous vous amusez à lui faire des reproches.
7. C'est plus divertissant que de travailler, quoique j(e) (admettre) que cela (ne pas être) drôle pour notre chef.
8. Si compétente qu'elle (être), elle ne me paraît quand même pas tout à fait heureuse.
9. Je sais pourquoi: nous avons acheté trente kilos de saucisses de Francfort de peur de (devoir) manger du «Zwieback», mais dans la tempête cette nuit, les Würstchen sont tombés dans la mer.

Malgré ces divergences d'opinions, nos jeunes continuent leur «chemin».

Übung 14: De même.

Dans la nuit, Martina a un cauchemar et crie horriblement. Réveillée par les autres, elle leur raconte:

1. Je m'étais jetée à l'eau pour (sauver) les saucisses de Francfort.
2. Tout à coup, il y avait un monstre derrière moi, qui nageait si vite que je (ne pas pouvoir) m'enfuir.
3. Une fois les saucisses retrouvées, je les ai prises et je les lui ai données afin qu'il s'en (remplir) l'estomac, mais en même temps, il y avait des poissons énormes qui me (poursuivre).
4. A force d'essayer de me sauver, j'ai eu faim moi-même. Alors j'ai nagé jusqu'à ce que vous m(e) (avoir réveillé).
5. Je vous jure, l'eau, c'est un élément que le bon Dieu a créé exprès pour les poissons, pas pour moi! Je désire ardemment que nous (revoir) bientôt la terre solide!

Et le bon Dieu a bien écouté et exaucé (erfüllen) son désir!

Bevor nun die Begeisterung über die Ankunft in La Martinique an Bord ausbricht und ein Fest gefeiert wird, kommen wir zum letzten wichtigen Punkt im *subjonctif*-Kapitel:

Regel 4:	Im **Relativsatz mit *que*** steht der *subjonctif*, wenn ein **Superlativ** oder **ein superlativischer Ausdruck** vorausgeht.

Beispiele:	La Martinique, **c'est la plus belle île que j'aie** jamais vue. C'est **la meilleure aventure que nous ayons** vécue. Il **n'y a que nous qui sachions** ce secret.

Und hier eine kurze Zusammenstellung der superlativischen Ausdrücke:

le seul, l'unique	le premier
ne … que	le dernier
rare	le minimum
peu	le maximum
pas beaucoup	le principal

Übung 15: Mettez la forme correcte.

Arrivés dans le port de Fort de France, les jeunes s'enthousiasment:

1. Il y a beaucoup de gens qui (traverser) l'Atlantique, mais il y en a peu qui (survivre).
2. Je suis le premier de ma famille qui (réussir) à faire une telle bêtise.
3. C'est le pays le plus fascinant que je (connaître).
4. C'est moi qui (avoir) gagné le gros lot.
5. La musique créole est la plus entraînante* que j(e) (avoir entendu) et pour moi, c'est le jour le plus heureux de ma vie.

entraînant – mitreißend

 Si vous voulez en savoir plus sur l'évolution actuelle de la grammaire française ...

Die Vergangenheitszeiten des *subjonctif (imparfait, plus-que-parfait)* sind weitgehend weggefallen. Verwendet werden **nur** noch der **subjonctif présent** und der **subjonctif du passé** (Hilfsverb im *subjonctif* + *participe passé* des Vollverbs). Neuere Untersuchungen stellen fest, dass der *subjonctif*-Gebrauch immer mehr automatisiert wird. Z. B. steht nun nach superlativischen Ausdrücken im Gegensatz zu Feststellungen in der Vergangenheit fast ausnahmslos der *subjonctif.*

Nos amis sont arrivés au but de leur voyage grammatical en mer et à la fin de leur programme d'entraînement. Dans l'avion, en retournant à Hambourg, il ne leur reste qu'à réviser tout ce qu'ils ont appris.
Testez une dernière fois vos connaissances du *subjonctif* !

Abschlusstest

Mettez les verbes indiqués aux temps et aux modes corrects.

Un récit de voyage à la Gouadeloupe

Juste au milieu de la Mer des Caraïbes, au nord de La Martinique, vous avez l'impression qu'on (se retrouver) juste dans le jardin d'Eden. A supposer que cela vous (plaire). Vous serez ravis que le charme de cette île (tenir) dans son immense diversité: les couleurs et les parfums des Antilles. Il est normal que ça (sentir) la vanille et la muscade. Rien d'étonnant que la riche végétation tropicale vous (ne pas surprendre).

Les maisons, de style colonial, vestiges d'un passé troublé, témoignent que les habitants (provenir) d'origines diverses. Il paraît que blancs, noirs, mulâtres (s'être mélangé), ayant formé une culture complexe. Que la réalité (ne pas être) brillante quelquefois, cela n'est pas à ignorer. Mais il me semble que le chômage et les problèmes sociaux (se tenir) dans des bornes, grâce au tourisme croissant sur cette île resplendissante de la Mer des Caraïbes.

Au moins, c'étaient les seules vacances que j(e) (passer) dans ma vie pendant lesquelles j'ai eu l'impression que le monde entier (devoir) être un paradis à l'origine des temps.

4

Die Verneinung bietet nur wenige Hürden, die mit einigen Informationen leicht zu überwinden sind. Das folgende Kapitel beschränkt sich nach einer kurzen Darstellung der wichtigsten Aspekte der Verneinung auf die in Prüfungen auftretenden Schwierigkeiten.
Überprüfen Sie aber zunächst Ihre Kenntnisse.

Einstiegstest

Sur l'ordre du Président du cercle littéraire «Littérature pure. Non merci», vous êtes chargé d'une enquête dans les lycées de Stuttgart. Votre collègue a déjà commencé à écrire la moitié positive du questionnaire. Ajoutez-y le côté négatif et **niez** ce qui **est souligné.** Traduisez là où le travail n'est pas encore terminé.

Marquez d'une croix ce qui est valable pour vous, cher lecteur.

○ Je **lis** des romans policiers.   ○ _____
○ Je les lis **partout**.   ○ _____
○ J'ai **toujours** un livre dans ma poche.   ○ _____
○ J'**aime** les journaux à scandales.   ○ _____
○ J'achète **toujours** des bouquins.   ○ _____
○ _____   ○ Ich schenke nie jemandem ein Buch.
○ _____   ○ Keiner hat je an Bücher gedacht.
○ Mon livre préféré a **déjà** été écrit.   ○ _____

Auswertung:

⇒ Haben Sie bei der Bearbeitung des Textes keine Fehler bei der Stellung der Verneinungselemente gemacht, so gehen Sie gleich zu Kapitel C über, in dem die schwierigeren Fälle besprochen werden.

Zunächst noch einmal eine kurze Wiederholung der wesentlichen Punkte:

A ▶ Die Stellung der Verneinungselemente

Im Laufe des Fremdsprachenerwerbs haben Sie bereits zwei Gruppen von Verneinungen kennengelernt:

Gruppe 1:	Gruppe 2:
ne … pas	ne … rien
ne … plus	ne … personne
ne … guère	ne … aucun
ne … jamais	

In Gruppe 1 finden Sie die Verneinungs**adverbien**, in Gruppe 2 werden **Pronomen** als Verneinungselement verwendet. Der Unterschied besteht darin, dass in Gruppe 2 die Verneinungselemente vertauscht werden können. D. h. die Pronomen *rien / personne / aucun* können die Funktion des Subjekts im Satz übernehmen. Dies ist bei Gruppe 1 nicht möglich.

In Bezug auf die Satzstellung verhalten sich Gruppe 1 und 2 grundsätzlich gleich. Betrachten Sie folgende Sätze, so ergibt sich die Regel von selbst:

Les élèves préfèrent les mathémathiques à la littérature française? Non, ce n'est pas juste:

a) Les élèves **ne la lui préfèrent pas**. Oder:
b) Les élèves **ne la lui ont pas** préférée. Oder:
c) On demande aux élèves de **ne pas la lui préférer.**

Die Beispiele zeigen, dass *ne* gleich nach dem Subjekt kommt (a, b), dann folgen die Objektpronomen, danach eventuelle Pronominaladverbien, anschließend kommt die konjugierte Verbform, die entweder Vollverb oder Hilfsverb sein kann. Das zweite **Verneinungselement** schließt die Objekt-Verb-Gruppe ab.

Wird eine Infinitivgruppe im Satz verneint, so stehen beide Verneinungselemente „im Paket" direkt vor dem Infinitiv (c).

Regel 1:	Für die Stellung der Verneinung **beim konjugierten Verb** gilt: *ne* + Pronomen + konjugiertes Verb + *pas*

Und:

> **Regel 2:**   Für die Stellung der Verneinung **beim Infinitiv** gilt:
> *ne pas* + Pronomen + Infinitiv

⇒   Zur Stellung der Objektpronomen und Pronominaladverbien vgl. Kapitel 7!

Jetzt wird Ihnen die folgende Übung sicher leicht fallen. Probieren Sie immer dort, wo zwei Verben fett gedruckt sind, beide Möglichkeiten der Verneinung aus.

> **Übung 1:**   Faites la négation. Utilisez les éléments donnés entre parenthèses. S'il y a deux verbes soulignés, il y a deux solutions possibles.

Activités littéraires, non merci???

1. Les élèves des lycées de Stuttgart **refusent** de **participer** à un «workshop» de littérature et de théâtre français. (ne … pas)
2. Ils **veulent** rater* l'occasion d'écouter des chansons françaises. (ne … pas)
3. Patricia Kaas **tarderait** à venir. (ne … jamais)
4. Alain Leverrier, un célèbre artiste français, risque d'**ennuyer** son auditoire. (ne … jamais)
5. Il **oubliera** de réciter les poèmes de Jacques Prévert. (ne … guère)
6. Les élèves **manqueront** le «highlight»: une excursion à Paris avec une soirée théâtrale à l'Opéra. (ne … jamais)
7. On y **jouera** la tragédie grèque «Antigone» – (mais la comédie musicale* «Le fantôme de l'Opéra parisienne»). (ne … pas)
8. Le lendemain soir, les élèves **promettront** de **rester** à la maison. (ne … guère; ne … pas)
9. Au cinéma, on **passera** la version moderne de «Les trois mousquetaires» d'Alexandre Dumas – (mais la version originale qui **est** bien.) (ne … pas)

rater – versäumen, verpassen (français familier); *la comédie musicale* – Musical

B  Der Artikelgebrauch bei der Verneinung

Eine häufig anzutreffende Fehlerquelle ist der Gebrauch des Artikels bei der Verneinung. Wenn Sie jedoch die beiden folgenden Regeln beachten, haben Sie in künftigen Prüfungen sicher keine Probleme mehr.

Regel 3:	Wenn ein **Substantiv** mit einem **unbestimmten Artikel** verneint wird, **so wird aus dem unbestimmten Artikel ein *de*.**

Beispiel: J'ai **une** idée.   → Je n'ai pas **d'**idée.
J'ai **des** livres.   → Je n'ai pas **de** livres.

Anmerkung: Damit funktioniert der Artikelgebrauch bei der Verneinung genauso wie bei den Mengenangaben: vgl. Kapitel 7 B.
J'ai **beaucoup de** livres. → Je n'**ai pas beaucoup de** livres.

Aber:

Regel 4:	Wenn ein **Substantiv** mit einem **bestimmten Artikel** verneint wird, bleibt dieser **unverändert** stehen.

Beispiel: Steffi lit **les** histoires du petit Prince.
→ Steffi **ne** lit **pas les** histoires du petit Prince.

Achten Sie in der folgenden Übung genau auf die Artikel:

Übung 2:	**Faites la négation des verbes soulignés.**

Chaos avec un livre
1. Stefanie **a voulu** avoir le livre du petit Prince. (ne ... jamais)
2. Sa tante le lui **a offert**. (ne ... pas)
3. Stefanie **a reçu** un exemplaire gratuit. (ne ... jamais)
4. A la librairie, elle **a trouvé** la cassette vidéo. (ne ... pas)
5. Son prof de littérature **a regretté** le fait de **pouvoir** l'aider. (ne ... pas)
6. Pour la bibliothèque de l'école, on **avait acheté** le livre et on **avait payé** les 70 francs avec plaisir. (ne ... jamais)
7. Mais les lecteurs **demandaient** des livres de science-fiction. (ne ... plus)
8. Il y en **a** beaucoup. (ne ... pas)

Zwei einfache, aber wichtige **Ausnahmen** zu den Regeln 3 und 4 gibt es:

1. Die Verneinung des Verbs *être.*
2. Wenn ein **Gegensatz** durch die Verneinung aufgebaut wird.

Regel 5:	Bei der **Verneinung** von *être* bleiben **alle Artikel unverändert**.

Beispiele: C'est **un** livre intéressant. → Ce n'est pas **un** livre intéressant.
Ce sont **des** artistes. → Ce ne sont pas **des** artistes.

Und:

Regel 6:	Der **Teilungsartikel (***du, des***)** kann **stehen bleiben,** wenn ein **Gegensatz** aufgebaut wird.

Beispiel: Je ne veux pas voir **des** films, **mais** du théâtre «live».
Je ne lirai jamais des romans **anglais. (mais** des romans **français!)**

Nachdem Sie jetzt die Regeln kennen, üben Sie gleich mit.

Übung 3:	**Faites la négation. Dans les phrases 2 et 7, il y a deux possibilités.**

Le fantôme de l'Opéra de Paris
1. Ce fantôme est un véritable fantôme. (ne … pas)
2. C'**est** un jeune homme qui **vit** volontièrement dans les catacombes du bâtiment. (ne … pas)
3. Un jour, il entend les chanteurs de l'Opéra. (ne … plus)
4. Il **s'empêche** d'écouter la voix délicieuse d'une jeune fille. (ne … pas)
5. Il peut l'ignorer. (ne … guère)
6. C'est un sentiment fugace qui se développe. (ne … pas)
7. Le fantôme **décide** de la **laisser** tranquille. (ne … pas)
8. Elle pourra fuir les rencontres. (ne … plus)
9. Pendant des mois, elle fera d'autres choses que de chanter sous sa direction. (ne … rien)

C  Die Verneinung mit den Pronomen *rien / personne / aucun*

Wie der letzte Satz von Übung 3 Ihnen schon gezeigt hat, ist bei diesen drei Pronomen etwas Vorsicht geboten:

Rien / personne ohne und mit Ergänzung

Diese beiden Verneinungselemente verhalten sich wie ihre „positiven" Entsprechungen:

Je vois **quelque chose**. → Je **ne** vois **rien.**
Je vois **quelque chose d'extraordinaire**.
→ Je **ne** vois **rien d'extraordinaire.**
Je connais **quelqu'un**. → Je **ne** connais **personne.**
Je connais **quelqu'un d'intelligent**.
→ Je **ne** connais **personne d'intelligent**.

Bei der Verneinung ist zu beachten:

Regel 7:	quelque chose	→ **rien**
	quelqu'un	→ **personne,**
	wobei beide Begriffspaare eine **Ergänzung*** haben können.	

* *Quelque chose* und *personne* haben in diesem Zusammenhang kein Genus, sondern werden wie **männliche** Begriffe behandelt!
→ quelque chose d'intéressan**t**!

Rien / personne als Subjekt des Satzes

Beispiele: **Personne** n'a vu le fantôme de l'Opéra.
Rien n'indique où il se trouve.

Regel 8:	*Personne ne ...* und *Rien ne ...* können **als Subjekt** im Satz eingesetzt werden, wobei beide Elemente **direkt nebeneinander** stehen.

☞ **Vorsicht „Falle":** Nach *Personne ne* ... und *Rien ne* ... steht **kein weiteres Verneinungselement!**

Übung 4: Niez les expressions positives ou défaites la négation des expressions soulignées.

La mort du fantôme de l'Opéra

1. **Tout le monde** savait que le fantôme souffrait d'un amour malheureux.
2. Et on avait remarqué **quelque chose** d'extraordinaire.
3. **Tous les spectateurs** ont entendu chanter le fantôme après sa dispute avec son père.
4. C'était **quelque chose** d'amusant.
5. **Personne n**'avait voulu l'accepter.
6. **Quelqu'un** aurait pu l'aider.

Bevor Sie weiter üben, werfen Sie noch einen Blick auf *aucun* und *jamais:*

Aucun

Aucun erfreut sich in Schüler- (und Lehrerkreisen) allgemeiner Unbeliebtheit. Die Ursache dafür ist, dass die **Funktionen** von *aucun* nicht immer klar dargestellt sind. Also: Schaffen Sie Ordnung im Labyrinth der Vorstellungen!

1. Die einfachste Verwendungsart:

ne ... aucun funktioniert hier wie *pas* und stellt ein **Adjektiv** dar, das bei einem **Substantiv** steht und gleichzeitig noch das **zweite Element** der **Verneinung** ist.

Beispiel: Il **n'a aucune possibilité** de venir.

2. Als Variante dazu:

ne ... aucun de funktioniert hier wie *chacun(e) de*; beiden folgt eine Ergänzung (Substantiv oder Pronomen).

Beispiel: Il **n'a aucune de** ces cartes postales.

„Spicken" Sie einfach bei *chacun(e):*

chacun de ces fantômes → ne ... aucun de ces fantômes
chacune de ces chansons → ne ... aucune de ces chansons

---

3. Oder ganz anders:

Aucun ne ...   funktioniert hier wie
                       Personne ne ... oder ***Rien ne ...***
                       und ist das **Subjekt** im Satz.

Beispiele: **Aucun n'a** vu le fantôme.
                    Aucune n'a aimé le fantôme.

Jamais

Für die Verneinung mit *jamais* gelten einerseits **alle Regeln der Gruppe 1**, andererseits kann es als einziges Adverb dieser Gruppe die Verneinungselemente vertauschen und den Satz einleiten, ohne dass es Subjekt des Satzes wird:

Beispiele: **Jamais** le fantôme **n'**est venu sur la scène.
                    Jamais il **n'**a eu le désir de se montrer.

Und jetzt eine Runde Übungssätze. Probieren Sie aus, was Sie gelernt haben.

Übung 5:   **Exprimez le contraire de ce qui est dit et faites la négation de la partie soulignée de la phrase.**

Après la soirée théâtrale à Paris, les élèves de Stuttgart cherchent d'autres activités littéraires. Cette fois-ci, la seule condition est un «happy-end».

Une discussion plutôt confuse
1. Je propose d'aller **encore une fois** à Hambourg où on joue aussi «Cats».
2. Mais moi, je **veux** voir «Miss Saigon» à Stuttgart.
3. Il y a **quelqu'un** qui m'accompagne à Bochum pour voir le «Starlight Express»?
4. **Chaque** élève te suit!
5. **Toujours** je suis allé aux théâtres à Londres, parce que c'est là qu'il y a le programme le plus vaste.
6. **Chaque** film moderne pourrait être une bonne idée.
7. Moi, j'ai **toujours** les meilleures idées: allons au cinéma et regardons un film japonais dans la langue originale.

Und zum Schluss noch eine Regel, die Ihnen im Abitur in dieser Version wertvolle Dienste leisten wird:

> **Regel 9:** *rien, personne, aucun* und *jamais* sind mit den positiven Begriffen **etwas, jeder, einer** und **jemals** zu übersetzen, wenn im Satz **noch eine Verneinung** steht. Das gilt auch **nach *sans que*** und ***sans* + Infinitiv.**

Beispiele: *Personne n'apprendra **jamais** ce que tu as fait.*
→ Niemand wird **je** erfahren, was du getan hast.
*Si **jamais** vous arrivez à la lune, dites-lui bonjour de ma part.*
→ Wenn Sie **je** auf dem Mond ankommen, sagen Sie ihm einen schönen Gruß von mir.

Diese Übung ist daher besonders für „Übersetzungsspezialisten" geeignet:

Übung 6: Traduisez les phrases suivantes.

1. Est-ce que vous avez jamais vu le petit bonhomme dans la lune. Non?
2. Moi non plus.
3. Jamais personne ne te croira à ce sujet.
4. Pourquoi? Jamais personne n'a parlé avec lui.
5. Je n'ai jamais rien dit d'autre.
6. Je prétends seulement qu'il existe bien que je ne l'aie jamais vu.
7. Il y possède sûrement une boutique pour des bouteilles à oxygène!
8. Oh, oh!

D  Die Kombinationen mit anderen Adverbien

Natürlich gibt es zu den genannten Verneinungselementen eine Vielzahl von Kombinationsmöglichkeiten mit Adverbien. Die folgende Zusammenstellung soll Ihnen eine Auswahl der wichtigsten Verneinungsmöglichkeiten bieten:

Kombinationen mit *encore*	
ne ... pas encore	noch nicht
ne ... encore pas	wieder nicht
ne ... encore jamais	noch nie
ne ... encore rien / personne / aucun	noch nichts / niemand / keinen

Kombinationen mit *plus*

ne ... plus guère	kaum noch
ne ... plus jamais	nie mehr (wieder)
ne ... plus rien / personne / aucun	nichts / niemand / keiner mehr

Kombinationen mit *toujours*

ne ... pas toujours	nicht immer
ne ... toujours pas	immer noch nicht
ne ... toujours rien / personne / aucun	immer noch nichts / niemand / keinen

Weitere Kombinationen

ne ... nulle part	nirgends, nirgendwo(hin)
ne ... nulle part ailleurs	nirgendwoanders(hin)

Besonderheiten

... du tout	dient zur Verstärkung der Verneinung
ne ... pas/rien non plus	bedeutet als Zusatz: ... auch nicht / nichts

Zum Schluss noch ein Hinweis zum Wegfall von **ne.**

E ▶ Der Wegfall von *ne*

Ne muss in der geschriebenen Sprache bei der Verneinung immer stehen, außer:

Regel 10:	***ne* muss** entfallen	1. in **verblosen** Sätzen und
		2. wenn sich die Verneinung auf ein **Adjektiv** bezieht.

Beispiele: Quand est-ce que tu viens?   → **Jamais.**
Qu'est-ce que tu fais?   → **Rien.**
A qui est-ce que tu écris ?   → **A personne.**

un professeur **pas** gentil
un examen **pas** facile
une idée **pas** mauvaise

Und nun, nach so vielen Informationen, ein Test Ihrer Kenntnisse. Das „Institut de la vie moderne de Paris" beauftragt Sie, eine Umfrage auszuwerten.

Abschlusstest

Ergänzen Sie den französischen Fragebogen:

1. Est-ce que vous aimez les sandwichs au fromage?
O _____ (überhaupt nicht)
O _____ (nicht mehr)
O _____ (noch nie gegessen)

2. Croyez-vous aux ovnis (objets volants non identifiés)?
O _____ (kaum)
O _____ (ich kenne keinen, der daran glaubt)
O _____ (ich habe keine Ahnung, was das ist)

3. Combien de fois est-ce que vous vous lavez les dents par jour?
O _____ (das mache ich nie)
O _____ (5x pro Tag genügt nicht)

4. Est-ce que vous ronflez (schnarchen) la nuit?
O _____ (ich schnarche nie)
O _____ (nie wird es mir jemand glauben)
O _____ (meine Frau hat mir noch nichts
                                       gesagt)
O _____ (aus diesem Grund verbringe ich
                                       meine Ferien in Wäldern, die
                                       abgeholzt [déboiser] werden sollen)

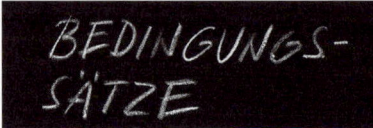

5

Die französische Familie Lacondition macht mit ihren beiden Söhnen Maurice (17) und Michel (18) an der Côte d'Azur Urlaub auf dem Campingplatz. Die Jungen sollten zwar schön brav bei ihren Eltern bleiben, jedoch schon nach zwei Tagen beginnen sie zu überlegen, wie sie mit den Töchtern der deutschen Zeltnachbarn Sätzli aus Schwaben ungestört am Strand „anbandeln" könnten.

Testen Sie nun Ihre bereits vorhandenen Kenntnisse.

Einstiegstest

Mettez les verbes indiqués entre parenthèses à la forme voulue par le contexte.

Chère Sabine, chère Brigitte,
vous _____ (être) à la recherche de deux guides parfaits qui vous _____ (montrer) gratuitement et avec beaucoup de charme les curiosités de la Côte d'Azur?
A supposer que vous _____ (vouloir) aussi être en compagnie de deux jeunes gens sportifs et drôles, adressez-vous à la tente voisine!

Vous y trouverez exactement ce que vous _____ (chercher), à moins que vous ne _____ (préférer) passer des vacances embêtantes.
Chères amies, quelles distractions est-ce qu'on peut vous offrir?
Que vous _____ (aimer) visiter un grand musée archéologique ou aller à Toulon, peu importe! Si vous _____ (préférer) voir des parfumeries, nous _____ (faire) une petite excursion à Grasse, le centre de la fabrication des essences de parfum; mais on y va seulement à condition de _____ (ne pas en acheter) trop. (Michel a une allergie à tout ce qui pue*.) Au cas où il _____ (pleuvoir), nous vous _____ (proposer) d'aller au cinéma. S'il y _____ (avoir) un bon film avec Gérard Départdieu, on _____ (pouvoir) même acheter la cassette vidéo pour vous offrir un beau souvenir de cette soirée. Si vous _____ (avoir) envie, on vous _____ (emmener) à la plage dans la journée pour vous montrer l'art du surf – ou à la discothèque de Nice le soir pour nous défouler* ensemble. Et à la fin de vos vacances, vous allez regretter de ne pas avoir fait notre connaissance déjà l'année dernière et vous allez vous dire: «Si on _____ (rencontrer) ces garçons plus tôt, nous _____ (s'amuser) encore plus. On _____ (faire) plus d'excursions, si on _____ (avoir) la possibilité. Pourvu que nos parents _____ (être) tous d'accord, nous _____ (pouvoir) essayer les clubs de nuit à St.Tropez et à Monte Carlo, si ces garçons charmants l(e) _____ (bien vouloir).»
Et vous allez constater: «Même si on _____ (attraper) un coup de soleil énorme et une pointe de vin* horrible, cela seront les vacances les plus agréables de notre vie.»   Maurice et Michel

puer – stinken (français familier); *se défouler*– sich austoben (familier); *une pointe de vin* – ein Schwips

⇒   Sollten Sie noch Schwierigkeiten vor allem bei der Wahl der richtigen Verbformen und der Zeiten gehabt haben, so betrachten Sie den folgenden Überblick über die Konditionalsätze genauer. Sie werden sehen, damit lassen sich immer wieder vorkommende, aber unnötige Fehlerquellen leicht ausschalten.

Bedingungen können unterschiedlich ausgedrückt werden, entweder in **Nebensätzen mit konditionalen Ausdrücken** oder in **Bedingungssatzgefügen mit *si***, in denen jeweils eine **Bedingung *(si)*** und eine **Folge** miteinander kombiniert sind.

A  Nebensätze mit konditionalen Ausdrücken

Die folgende Liste bietet Ihnen alle wichtigen konditionalen Ausdrücke, die für die Sprachpraxis notwendig sind. Sie sind nach Gruppen geordnet, wobei angegeben ist, welcher Modus oder welcher Satzanschluss jeweils erforderlich ist.

si	wenn
même si	selbst wenn
sauf si	außer wenn
excepté si	außer wenn

Bitte beachten Sie:
Nach konditionalen Ausdrücken mit *si* steht immer **Indikativ!**

Beispiel: Les deux filles allemandes accepteront bien la compagnie des deux garçons, excepté s'ils font des bêtises avec leurs motos.

à condition que	unter der Bedingung, dass; vorausgesetzt, dass
pourvu que	unter der Bedingung, dass; vorausgesetzt, dass
que ... ou que	ob ... oder
supposé que	angenommen/vorausgesetzt, dass
à supposer que	angenommen/vorausgesetzt, dass
à moins que ... (ne)	sofern nicht; es sei denn, dass; außer wenn

Bitte beachten Sie:
Alle konditionalen Ausdrücke mit *que* erfordern immer den *subjonctif!*

Beispiele: A condition que les jeunes s'entendent bien, ils s'amuseront beaucoup.
Que Brigitte aille au cinéma avec Michel ou qu'elle reste à la plage, cela n'intéresse que sa sœur.
Les filles rigolent souvent en relisant la lettre des garçons, à condition que ceux-ci ne puissent pas les entendre.

dans le cas où	falls; im Falle, dass
au cas où	falls; im Falle, dass

Bitte beachten Sie:
Beide Ausdrücke erfordern immer das *conditionnel!*

Beispiel: Dans le cas où Brigitte **voudrait** aller nager avec Maurice, les deux autres jeunes pourraient faire de la voile.

à condition de	unter der Bedingung, dass
à moins de	außer wenn; es sei denn, dass

Bitte beachten Sie:
Diese Ausdrücke werden immer mit folgendem **Infinitiv** gebildet!

Beispiel: A condition de **trouver** un coin tranquille, les jeunes pourront lire leurs livres préférés.

en cas de (succès)	bei (Erfolg)

Bitte beachten Sie:
Nach *en cas de* steht immer ein **Substantiv!**

Beispiel: En cas de **pluie**, les filles aiment beaucoup faire les vitrines des magasins élégants à Nice.

Übung 1: **Reliez les parties de la phrase et faites attention au temps et au mode.**

1. Pour le cas où / les jeunes gens / s'amuser / tout seuls / leurs parents ont organisé une excursion à Vence.
2. Ils y apprendront beaucoup de choses intéressantes sur l'histoire de Vence, pourvu que / ils / lire / leur guide vert.
3. A supposer que / ils / se rendre / y /, ils pourront voir cette ville épiscopale qui a été fondée par les Ligures.
4. Sous l'empire romain, on y menait une vie très agréable, excepté si / on / être malade / et qu'on / ne pas pouvoir travailler.
5. Aujourd'hui, il n'y a plus de monument à voir, à moins que ne / on / vouloir/ visiter la Chapelle du Rosaire que le peintre Henri Matisse a décorée d'une manière splendide en blanc, bleu et jaune.
6. Supposé que / le visiteur / avoir l'œil / pour la lumière et les couleurs intenses, on peut y passer des moments silencieux.
7. En cas de / mauvais temps / on / pouvoir admirer / tranquille / les dessins originaux de Matisse qui sont exposés dans une petite galerie juste à côté de la chapelle.
8. Une visite y fera toujours plaisir. Sauf si / trop de visiteurs / troubler / l'atmosphère paisible.

B  Bedingungssatzgefüge mit *si*

Im Gegensatz zum Deutschen gibt es eine in der französischen Sprache ausnahmslos gültige Regel, die Sie vor Beginn Ihrer Arbeit an diesem Kapitel im Kopf haben sollten:

> **Regel 1:** In einem *si*-Satz darf **nie** *futur* oder *conditionnel* stehen!

Damit Sie eine klare Vorstellung von den Kombinationsmöglichkeiten der Zeiten im Bedingungssatzgefüge erhalten, wollen wir sie nun einzeln nacheinander üben:

Eine Bedingung und eine Folge beziehen sich auf die Gegenwart oder die Zukunft

Wenn sich Bedingung (B) und Folge (F) auf die Gegenwart oder die Zukunft beziehen, gibt es zwei mögliche Varianten.

> **Regel 2:** *si*-Satz: *présent* → Hauptsatz (**HS**): *présent* oder *futur*

Beispiele: Si les filles sont d'accord, nous allons / irons à la plage. Si nous allons à la plage, nous pouvons / pourrons nager ensemble.

Bei dieser Zeitenkombination im Bedingungssatzgefüge geht man also von einer **Annahme** oder **Möglichkeit** aus, die so durchaus **eintreten kann.** Allerdings werden Sie sich nun fragen, welcher Bedeutungsunterschied sich ergibt, wenn man im Hauptsatz *présent* bzw. *futur* einsetzt:

Stehen im *si*-Satz **und** im Hauptsatz *présent*, so erhält *si* die Bedeutung „jedesmal, wenn" und wird damit wie *quand* gebraucht.

→ Wollen Sie also eine Bedingung und eine Folge unabhängig vom Aspekt „jedesmal, wenn" ausdrücken, müssen Sie im Hauptsatz das *futur* setzen!

Beispiel: Wenn er kommt, **gehen** wir ins Kino. (Präsens):

a) S'il **vient**, nous **allons** au cinéma.
(Jedesmal,) wenn er kommt, **gehen** wir ins Kino.

b)   S'il **vient**, nous **irons** au cinéma.
        Wenn er (jetzt) kommt, (dann) **werden** wir ins Kino **gehen**.

Fazit: Das deutsche Präsens kann sowohl Gegenwärtiges als auch
        Zukünftiges bezeichnen. Die französische Sprache unterschei-
        det genauer zwischen *présent* und *futur!*

Die Kombination **présent / futur** soll nun gleich in der folgenden Übung trainiert werden.

Übung 2:   Mettez les verbes à la forme voulue par le contexte.

Une jeune dame à l'office de tourisme de Nice informe nos quatre jeunes sur
la capitale de la Côte d'Azur. Elle leur propose de visiter plusieurs curiosités et
de faire quelques excursions dans les environs.

La dame explique aux amis:
1. Si vous _____ (vouloir) vous renseigner sur l'histoire de Nice, vous
   _____ (pouvoir) emporter notre dépliant* «Nice – Petite histoire de
   notre ville».
2. Et si je _____ (pouvoir) me permettre de vous conseiller une longue et
   magnifique promenade, je vous _____ (recommander) la Promenade
   des Anglais, qui s'étend du Fort Carré d'Antibes au Cap de Nice, longeant
   la mer et offrant des vues pittoresques.
3. Mais si vous _____ (aimer) la peinture de Marc Chagall, une visite au
   musée National Message Biblique Marc Chagall _____ (combler) tous
   vos rêves.
4. Cette exposition extraordinaire vous _____ (présenter) la plus célèbre
   collection de peintures de Chagall, si cela vous _____ (intéresser).
5. Si on _____ (s'enthousiasmer) pour le fameux «Message Biblique»,
   une série de tableaux dont la réalisation a duré 13 ans, on _____
   (pouvoir) y regarder avec admiration la Création de l'Homme, le Paradis
   terrestre, les histoires de Noë et d'Abraham, de Jacob et de Moïse*.
6. Mais, mesdames, messieurs, si on _____ (m'interroger) sur les plus
   belles excursions dans les environs à la Côte d'Azur, je vous _____
   (envoyer) à St. Tropez et à Monte-Carlo.

le dépliant – Faltblatt, Prospekt; *Moïse* – Moses

Übung 3: Üben Sie nun weiter, indem Sie in unserer Kettenge-schichte jeweils die Folge des ersten Bedingungssatzes zur Bedingung des zweiten Satzgefüges machen und so weiter.

Le soir, les jeunes se rencontrent devant la tente. On bavarde et on rigole bien. Après un bon verre de vin rouge, Maurice explique aux autres que Claudia Schiffer, sa vedette* adorée, passe ses vacances en même temps qu'eux dans un hôtel à côté de leur terrain de camping.

Et il est sûr:

1. S'il fait beau demain / nous (aller) à la plage de Cannes.
2. _____ / nous (rencontrer) Claudia Schiffer.
3. _____ / tout le monde (essayer) d'obtenir un autographe*.
4. _____ / je (ne pas le faire), et je (se retirer) discrètement.
5. _____ / elle (m'inviter) à manger, le soir.
6. _____ / je (aller) chez elle avec plaisir.
7. _____ / elle (m'offrir) son plat préféré.
8. _____ / je (avoir) un grand problème: je n'aime pas les escargots* à l'ail* et au persil*. Quel repas horrible!

la vedette – Star; *un autographe* – Autogramm; *un escargot* – Schnecke; *à l'ail (m.) et au persil (m.)* – mit Knoblauch und Petersilie

Maurice zeigt also mit der Wahl der Zeitformen **présent / futur**, dass **sehr wohl** die **Möglichkeit** besteht, Claudia Schiffer zu treffen und von ihr zum Essen eingeladen zu werden.

Anders sieht es aus, wenn Maurice nur von einer Begegnung und Einladung **träumt**, aber genau weiß, dass das „Candlelight-Dinner" **nicht** stattfinden wird.

Regel 3: *si*-Satz: *imparfait* → HS: *conditionnel I*

Die Kombination *imparfait – conditionnel I* stellt eine **bloße Annahme**, eine **reine Spekulation** dar, die sich auf die **Gegenwart** bezieht:

Beispiele: «*Si Claudia Schiffer **venait**, nous **ferions** un pique-nique nocturne sur la plage.*»

„Wenn Claudia Schiffer (jetzt) **kommen würde**, **würden** wir ein nächtliches Picknick am Strand **machen**."

Üben Sie die Zeitenkombination *imparfait / conditionnel I* und „spekulieren"
Sie mit:

Übung 4:   Mettez l'histoire à l'imparfait et au conditionnel I.

Michel explique à Maurice qu'il rêve et qu'il ne rencontrera pas Claudia Schiffer. Mais Maurice insiste sur son histoire qui pourrait se dérouler un jour.

Maurice dit:
1. S'il **faisait** beau   / nous (aller) à la plage de Cannes.
2. _____ / nous (rencontrer) Claudia Schiffer.
3. _____ / je la (prier) de me donner un autographe.
4. _____ / elle me (regarder) dans le blanc des yeux*.
5. _____ / elle (avoir) immédiatement le coup de foudre*.
6. _____ / je la (demander) en mariage*.
7. _____ / elle (accepter), heureuse, de tout son cœur.

regarder dans le blanc des yeux – tief in die Augen blicken; *coup de foudre* – Liebe auf den ersten Blick; *demander en mariage* – um die Hand anhalten

Et Michel répond sérieusement: Si tu te (marier) avec Claudia Schiffer, je (devenir) directeur d'une entreprise qui produit 20 000 tonnes d'escargots par an seulement pour vous deux!

Und hier noch ein bisschen Zusatztraining. Üben Sie weiter:

> **Übung 5:** Traduisez les phrases suivantes et employez les deux combinaisons de temps:
> a) *si*-Satz: *présent* → HS: *futur*
> b) *si*-Satz: *imparfait* → HS: *conditionnel I;*
> achten Sie dabei auf die Unterschiede der Zeitformen im Deutschen!

Suivant les conseils donnés par la jeune dame à l'office de tourisme, le lendemain, Michel et Maurice achètent un bouquet de fleurs pour Sabine et Brigitte.
Ils veulent les persuader de passer la journée avec eux à Antibes.

Les garçons prétendent:

1. **a)** Wenn wir nach Antibes **fahren, werden** wir eines der großen europäischen Zentren für die industrielle Produktion von Blumen **sehen.**
   b) Wenn wir nach Antibes **fahren würden, würden** wir es **sehen.**
2. **a)** Wenn wir eine Führung im Schloss von Antibes **machen, wird** uns der
   Führer **erzählen**, dass der berühmte Maler Picasso 1946 hier angefangen hat zu arbeiten.
   b) Wenn wir eine Führung **machen würden, würde** es uns der Führer **erzählen.**
3. **a)** Meine Damen, fügt Michel lächelnd hinzu, wir **werden** also etwas für
   unsere Bildung **tun**, wenn wir nicht nur den Spuren der Römer in Antibes, sondern auch denen der modernen Kunst **folgen.**
   b) Wir **würden** also etwas für unsere Bildung **tun**, wenn wir diesen Spuren **folgen würden.**

La réponse des filles:
4. **a)** Einverstanden; wenn wir heute Abend zusammen in die Disco gehen,
   werden wir euch nach Antibes begleiten.
   b) Vielleicht; wenn wir heute Abend in die Disco gehen würden, würden
   wir euch gern begleiten.

Sie sehen also, die Bedingungssatzgefüge beziehen sich jeweils auf die Gegenwart bzw. auf die Zukunft.

Satzreihe **a)** geht dabei immer von einer Annahme / einer Möglichkeit aus, die eintreten kann **(wenn B erfüllt, dann wird F folgen)**.

Satzreihe **b)** ist eine reine „Spekulation" in der Gegenwart **(wenn B eintreten würde, würde F folgen)**.

Eine Bedingung und eine Folge beziehen sich auf die Vergangenheit

Auch hier sind zwei Möglichkeiten zu unterscheiden.

Regel 4:	*si*-Satz: *passé composé* → HS: *passé composé*

Beispiele: *Si les jeunes **sont allés** à la discothèque, cela leur **a** sûrement plû.*
Wenn die jungen Leute in die Disco **gegangen sind**, **hat** es ihnen sicher **gefallen**.
*Si les filles n'**ont** pas **voulu** rentrer, elles **ont** bien sûr beaucoup dansé.*
Wenn die Mädchen nicht heimkommen **wollten**, **haben** sie bestimmt viel **getanzt.**

Die Kombination *passé composé* im *si*-Satz und *passé composé* im HS drückt also eine **Annahme** aus, die sich auf die **Vergangenheit** bezieht und **vielleicht so erfüllt worden ist.**

Jetzt sind Sie wieder dran!

Übung 6:	**Mettez les formes correctes dans les lacunes.**

Le soir, très tard, les jeunes gens ne sont pas encore rentrés. Leurs parents discutent devant leurs tentes.

Mme Lacondition: Si les garçons et les filles _____
(ne pas encore rentrer), ce _____
(ne pas être) encore grave. Mais maintenant, je commence à me faire des soucis.

Mme Sätzli: S'ils _____ (ne pas téléphoner),
                  c'est parce qu'ils _____ (ne pas y penser).
M. Lacondition: Si on _____ (ne rien entendre),
                  c'est que rien ne _____ (se passer).
M. Sätzli: Oui, j'en suis persuadé. Et si nous _____
                  (ne pas être informé) de leurs bêtises, ils_____
                  _____ (ne pas en faire). Allons au lit, mes amis, et
                  dormons bien.

Viel häufiger kommen Bedingungssatzgefüge vor, die sich auf die **Vergangen-heit** beziehen, jedoch **reine „Spekulationen"** darstellen nach dem Motto:

Wenn B eingetreten wäre, hätte F stattfinden können.

Es handelt sich also um **nicht erfüllte Bedingungen in der Vergangenheit**, die folglich **keine erfüllte Folge** haben können. Daher gilt:

Regel 5:   *si*-Satz: *plus-que-parfait* → HS: *conditionnel II*

Beispiele: *Si nous avions joué au casino de Monte-Carlo, nous **aurions** peut-être **gagné** beaucoup d'argent.*
                  Wenn wir im Kasino von Monte Carlo **gespielt hätten**, **hätten** wir vielleicht viel Geld **gewonnen**.
                  *Si nous avions gagné beaucoup d'argent, nous nous **serions acheté** un avion privé.*
                  Wenn wir viel Geld **gewonnen hätten**, **hätten** wir uns ein Privatflugzeug **gekauft**.

                  Schade nur, dass wir weder gespielt noch gewonnen haben!

„Spekulieren" Sie nun mit Brigitte und Sabine, was gewesen wäre, wenn …

Übung 7:   **Mettez les formes correctes des verbes indiqués entre parenthèses.**

1. Sabine: Si j(e) _____ (être) l'actrice américaine Grace Kelly,
                  je _____ (tomber) amoureuse de prince Rainier de
                  Monaco et je _____ (devenir) la princesse Gracia
                  Patricia.

2. Brigitte: Mais ma chère, n'exagère pas! Si tu _____ (être) Gracia, tu _____ (perdre) ta vie dans un grave accident de voiture. Et si tu _____ (apprendre) plus sérieusement ta leçon d'histoire, tu _____ (savoir) que la dynastie des Grimaldi a subi une grosse perte avec la mort de sa souveraine. Par contre, si tu _____ (t'engager) un peu plus, tu _____ (pouvoir) devenir la petite amie du prince Albert, charmant et discret.

3. Sabine: Oui, mais il _____ (m'accepter) seulement, si mes parents _____ (appartenir) à la haute noblesse européenne. Et si cela _____ (être) le cas, j(e) _____ (préférer) devenir la femme de prince Charles d'Angleterre, parce que, de cette manière-là, j(e) _____ (avoir) la possibilité de devenir reine d'Angleterre.

4. Brigitte: Eh bien, ma chère, si Charles _____ (voir) mes belles oreilles, il m(e) _____ (accorder) la préférence à Diana et Camilla. Tu ne crois pas?

5. Sabine: Oh Brigitte, arrête de rêver. Si on _____ (naître) princesses, on _____ (ne jamais pouvoir) passer les vacances dans un camping!

Eine Bedingung bezieht sich auf die Vergangenheit, die Folge auf die Gegenwart oder Zukunft

Bisher haben wir nur Bedingungssatzgefüge betrachtet, in denen sich **B und F** jeweils auf die Gegenwart (bzw. Zukunft) oder auf die Vergangenheit beziehen. Darüber hinaus lassen sich Vergangenheit und Gegenwart (bzw. Zukunft) aber auch untereinander kombinieren.

Eine **Bedingung** kann auf die **Vergangenheit** Bezug nehmen, die **Folge** sich auf die **Gegenwart / Zukunft)** auswirken. Dabei gibt es zwei „Spielarten":

Regel 6:	a) **si**-Satz: *passé composé*	→ HS: *présent* oder *futur*
	b) **si**-Satz: *plus-que-parfait*	→ HS: *conditionnel I*

Und das sind die Unterschiede zwischen den „Spielarten":

- In Regel **6 a)** ist die **Bedingung vielleicht erfüllt** worden. Die Zeitenkombination *passé composé / présent* oder *futur* drückt also eine **Annahme** aus, die sich auf die **Vergangenheit** bezieht und eine **mögliche Folge** nach sich zieht, **die eintreten kann.**
- In Regel **6 b)** ist die **Bedingung nicht erfüllt**, d. h. auch die **Folge kann nicht mehr eintreten.** Dieses Bedingungssatzgefüge drückt also eine „reine Spekulation" aus.

Beispiele: a) Si les jeunes **sont allés** au cinéma de Nice hier soir pour voir le film «Cyrano de Bergerac» avec Gérard Départieu, ils **pourront** longtemps en discuter.
Si les filles **ont** beaucoup **souffert** à cause de la solitude de Cyrano, elles **achètent / acheteront** peut-être la cassette vidéo cet après-midi pour la remporter en Allemagne.

                b) Si le père de Sabine **avait lu** le livre d'Edmond Rostand, il **pourrait** discuter avec sa fille.
Si le cinéma français n'**avait** pas **obligé** le fameux acteur Gérard Départieu de jouer le rôle de Cyrano, le film n'**aurait** pas autant de succès.

Auch dazu gleich eine Übung:

Übung 8:   **Variante a) *si*-Satz: *passé composé* → HS: *présent* oder *futur*. Remplissez les lacunes.**

Une visite au cinéma

Sabine et Brigitte insistent sur une visite du cinéma de Nice. Après le film «Cyrano de Bergerac», Michel se met à rigoler:

1. Si la belle Roxane et Cyrano avec son gros nez _____ (admirer) l'idéal de l'éloquence*, Sabine et Brigitte _____ (imiter), bien sûr, leurs idoles.
2. Si Cyrano _____ (ne pas avouer) son amour à Roxane, je _____ (trouver) qu'il _____ (se comporter) vraiment d'une manière très bizarre.
3. Et si, effectivement, le pauvre Christian _____ (rester) un amant sans fortune, personne _____ (ne plus pouvoir) l'aider – il est mort. Schlüchz.

4. Si Cyrano _____ (avoir) peur de déplaire à Roxane, je le _____ (comprendre) entièrement: avec un tel nez, grand comme une citrouille*, je ne quitterais pas ma maison.

l'éloquence – Redekunst, Beredsamkeit; *une citrouille* – Kürbis

---

Übung 9: **Variante b)** *Si*-Satz: *plus-que-parfait* → HS: *conditionnel I.* **Remplissez les lacunes.**

Les filles défendent leur film avec véhémence.

1. Si vous _____ (ne pas se moquer) déjà pendant le film, nous _____ (pouvoir) en parler sérieusement.
2. Il vous _____ (rester) une impression plus claire, plus fine, si vous _____ (faire) un petit effort pour vous mettre à la place du malheureux héros.
3. Puis, si vous _____ (diriger) votre attention un peu plus sur le comportement romantique des hommes au 17ème siècle, vous _____ (pouvoir) être plus charmants avec nous.
4. En plus, dit Sabine, le français n'est pas ma langue maternelle. Si les garçons _____ (ne pas manquer) de savoir-vivre et _____ (ne pas pleurer) à force de rire, je _____ (savoir) ce que les personnages principaux ont dit. Je n'ai compris que la moitié.

Pauvres filles! Le lendemain, Michel et Maurice leur ont acheté un paquet familial de mouchoirs en papier pour leur prochaine séance de cinéma.

Damit haben Sie alle wichtigen Phänomene im Bedingungssatz geübt. Zur besseren Übersicht hier eine abschließende **Zusammenfassung:**

si-Satz	Hauptsatz	**Bezug:** Bedingung / Folge
présent	présent / futur	Auf Gegenwart / Zukunft
imparfait	conditionnel I	Auf Gegenwart / Zukunft
passé composé	passé composé	Auf Vergangenheit
plus-que-parfait	conditionnel II	Auf Vergangenheit

Alles klar? Dann sollten Sie zum Schluss noch einmal testen, ob Sie alle Varianten der Bedingungssätze beherrschen.

Abschlusstest

Mettez les formes et les temps corrects:

Un an après ces vacances agréables que les quatre jeunes ont passées à la Côte d'Azur, ils se rencontrent à Nice et réfléchissent. Qu'auraient-ils encore pu faire l'année précédente, qu'est-ce qui leur reste à faire cette année? Ecoutez.

Dans le cas où nous (se rencontrer) plus tôt dans l'année, nous (pouvoir) visiter Saint-Tropez en printemps.

Si le soleil est un peu moins intense à cette époque-là, il (tremper) quand même les façades du village dans une lumière douce. Si, cette année, on (vouloir) faire la connaissance des vieux pêcheurs pour partager leurs souvenirs de mer, il (falloir) qu'on y (aller) avant que les premiers cars de touristes (être arrivé).

Même si les vedettes n'y (être) pas encore, nous (avoir) la chance de connaître quelques spécialités extraordinaires: par exemple le fameux restaurant «Le Girelier», situé dans le vieux port et très connu pour ses plats de poissons.

Pour ce soir, je vous propose un plaisir unique: si vous (s'intéresser) aux spécialités culinaires, nous (goûter) une ou plusieurs «soccas», ce sont des crêpes à la farine de pois chiches*. Avec un bon rosé bien frais, mesdames, nous (faire) nos projets pour les deux semaines suivantes supposé que vous (envisager) de vous (confier) à deux charmants jeunes gens.

Avec plaisir, messieurs. Si vous nous (promettre) une visite du centre de la recherche de la grammaire française, nous (refuser) bien sûr. Mais si vous nous (inviter) à une fête gourmande sous un ciel bleu rayonnant de la Côte d'Azur, nous (accepter) avec plaisir! A ce soir!

la farine de pois chiches – Kichererbsenmehl

6

Après avoir passé son bac, Annette décide de passer un an en France comme fille au-pair à Strasbourg pour y perfectionner son français avant de commencer ses études. Sa famille française avec ses trois enfants, les jumeaux Mireille et Matthieu (15) et la petite Sophie (5), l'accueille à Strasbourg.

Bevor Sie sich mit den einzelnen Regeln der indirekten Rede beschäftigen, können Sie wieder Ihre Kenntnisse testen.

Einstiegstest

Quelques jours après son arrivée à Strasbourg, Annette écrit à ses parents:
- Mettez le texte au discours indirect et commencez **la première partie** avec: Annette nous **écrit** que …;
- introduisez **la deuxième partie** avec: Annette nous **a écrit** que …

1. Aujourd'hui, je trouve le temps de vous écrire une longue lettre. On est venu me chercher à la gare, et puis on m'a fait visiter Strasbourg, la capitale de l'Alsace. Ici, je ne vois plus d'embouteillages, alors qu'on s'y attendrait: j'ai remarqué qu'on est en train d'éliminer les bouchons* et la pollution au profit d'une ville propre et humaine. Ma famille française m'a expliqué que la solution sera le tramway circulant dans le centre.
2. C'est le maire de la ville, Madame Cathérine Trautmann, qui a lancé la construction du tramway, fatiguée des voitures qui dérangent habitants et touristes. A l'avenir, il faudra que tout le monde puisse flâner tranquillement dans le centre sans tomber malade. Les dernières années, presque trois quarts des transports privés s'effectuaient en voiture et l'ampleur de la pollution devenait effrayante. La réorganisation de la circulation me permettra de faire des courses avec ma petite Sophie à la place Kléber, au centre-ville, sans que je doive avoir peur qu'une automobile l'écrase.

Bisous* Annette

le bouchon – Stau (français familier); *le bisou* – Kuss

Auswertung:

⇒ Konnten Sie beide Teile des Tests (auch den 2. Teil mit dem redeeinleitenden Verb in der Vergangenheit) ohne Schwierigkeiten bearbeiten, so gehen Sie gleich zu den Übungen 6 und 7.

⇒ Wenn Ihnen nur der erste Teil des Textes, dessen redeeinleitendes Verb in einer Zeit der Nicht-Vergangenheit steht, problemlos geglückt ist, so gehen Sie zu Regel 3 / Übung 3 über.

⇒ Bereitet Ihnen die indirekte Rede an sich Schwierigkeiten, so gehen Sie Schritt für Schritt alle wichtigen Regeln durch und üben Sie gründlich mit.

Eine Äußerung kann erfolgen in:

- direkter Rede (d. h. wörtlich, gekennzeichnet durch Anführungszeichen) oder

- in indirekter Rede (d. h. inhaltlich, als Wiedergabe einer direkten Rede).

Wird von einem Gespräch berichtet, so bekommen wir die Originalaussage „aus zweiter Hand" zu einem späteren Zeitpunkt überliefert.

Beispiel: Mireille dit: «Je ne veux pas préparer mon test de mathématiques.»
→ Son frère **nous raconte qu'**elle ne veut pas préparer son test de mathématiques.
Puis Matthieu **demande quand** elle veut le faire et **si** elle ne veut pas commencer quand même.

Wir stellen also fest, dass bei der indirekten Rede ein Verbindungswort an die Stelle des Doppelpunktes tritt:

- *que* bei der indirekten Rede,
- *si* oder andere **Fragewörter** bei der Wiedergabe von indirekten Fragen.

Die direkte Rede oder Frage selbst wandert in einen *que*-Satz oder Fragesatz; jedes Mal ist ein einleitendes Verb im Hauptsatz das Signal für die folgende indirekte Aussage, den folgenden indirekt wiedergegebenen Gedanken bzw. die bereits gestellte Frage.

Für die Grammatikarbeit, aber auch für das freie Schreiben, sind nun einige Regeln bei der Umwandlung von direkter in indirekte Rede zu beachten:

A ◣◣◣ Die Zeitenfolge bei der indirekten Rede

Das redeeinleitende Verb steht in einer Zeit der Nicht-Vergangenheit

Nicht-Vergangenheit bedeutet: Präsens, Futur oder Konditional!

Hier gilt:

Regel 1: Steht das rede**einleitende** Verb in einer Zeit der **Nicht-Ver-gangenheit**, so bleiben im Nebensatz **alle Zeiten** der direkten Rede **unverändert.**
→ Nur die Personalpronomen und Zeit- und Ortsangaben müssen an die neue Redesituation angeglichen werden.

Beispiel: Annette **dit**: «J'**ai** toujours **aimé** et **j'aimerai** toujours les peti-tes filles qui crient.»
→ Annette **dit** qu'elle **a** toujours **aimé** et qu'elle **aimera** tou-jours les petites filles qui crient.

Dies gilt sowohl für die indirekte Rede als auch für die indirekte Frage.
Wenden Sie die Regel gleich in Übung 1 an.

Übung 1: Mettez les phrases suivantes au discours indirect.

Un entretien entre Mireille et Matthieu:
Commencez par: Mireille dit à Matthieu que …
1. Annette nous a priés de faire nos devoirs.
2. Ensuite elle veut qu'on lui montre l'église, le Munster.
3. Ce soir, nous prendrons nos vélos et nous irons dans un restaurant ty-pique.

4. Annette aimera bien sûr manger un bon «kougelhopf», mais moi, je préfé-rerais les «Flammeküeche» alsaciens.

5. On aurait aussi pu réserver une table dans le café-restaurant «D'Choucrou-terie» où le maître Roger Siffer, auteur-compositeur-chanteur, le barde le plus original d'Alsace, nous aurait accueillis avec un spectacle en français, allemand et alsacien.

Regel 2: Besteht die direkte Rede aus einem Imperativsatz (Befehls-satz), so wird der Imperativ zum *subjonctif.*

Beispiel: Sophie crie: «**Venez** me donner des bonbons tout de suite!»
→ Sophie crie **qu'**on **vienne** lui donner des bonbons tout de suite.

Übung 2: **Mettez les phrases impératives au discours indirect.**

Annette ne sait pas quoi faire.

Commencez par: Sophie crie qu(e) …
1. Ne m'agace* pas!
2. Ne me fais pas une infusion de camomille*!
3. Permets-moi encore un coca!
4. Raconte-moi une histoire avant d'aller au lit!
5. Ne me fais pas la morale!
6. Tais-toi, sinon je m'énerve!
7. Laisse-moi crier!

agacer qn – jmd. nerven (français familier); *une infusion de camomille* – Kamillentee

Das redeeinleitende Verb steht in einer Zeit der Vergangenheit

In diesem Fall ändern sich bei der Umformung in die indirekte Rede / Frage die Zeiten der direkten Rede nach folgenden Gesetzmäßigkeiten:

Regel 3:	Präsens wird zu *imparfait* bzw. Präsens-Endungen werden zu *imparfait*-Endungen.

Beispiel:	Sophie **a** dit: «J'**ai** regardé les poulets du voisin.»
	→ Sophie **a** dit qu'elle **avait** regardé les poulets du voisin.

Nach unserer Regel ergibt sich daraus ebenso:

elle	**a** regardé	→	**avait** regardé
	regarder**a**	→	regarder**ait**
	aur**a** regardé	→	aur**ait** regardé

d. h., betrachtet man nur die Hilfsverben bzw. Verbendungen, so werden alle **présent**-Formen zu **imparfait**-Formen.

Außerdem gilt:

Regel 4:	*Imparfait* bleibt *imparfait* bzw. *imparfait*-Formen bleiben *imparfait*-Formen.

Beispiel:	Sophie a dit: «J'**avais** regardé par la fenêtre toute la journée.»
	→ Sophie a dit qu'elle **avait** regardé par la fenêtre toute la journée.

Daraus ergibt sich ebenso:

elle	**avait** regardé	bleibt:	**avait** regardé
	regarder**ait**	bleibt:	regarder**ait**
	aur**ait** regardé	bleibt:	aur**ait** regardé

d. h., alle Formen, die im *imparfait* stehen bzw. eine *imparfait*-Endung aufweisen, bleiben unverändert!

Hierzu nun eine Trainingseinheit:

Übung 3: **Mettez l'histoire au discours indirect. Racontez au passé.**

Entre Bâle et Mulhouse, il y a le premier parc naturel de l'Alsace. Un jour, Mireille a raconté à Annette:

1. Très vite, on **a** appelé le parc naturel «La Petite Camargue alsacienne».
2. C'**est** le Rhin qui inondait régulièrement ces terrains et qui y av**ait** créé un paysage de marais.
3. La construction du Grand Canal d'Alsace en 1840 av**ait** bien vite menacé la nature.
4. Mais heureusement, le petit monde intact, qui aur**ait** dû disparaître, avait pu être sauvé.
5. C'ét**aient** les Alsaciens qui av**aient** pris conscience de la valeur de leur nature.
6. Ainsi, en 1982, on **a** fondé la première réserve naturelle d'Alsace, que les responsables **ont** bien protégée.
7. Aujourd'hui***, on y **trouve** un grand nombre d'oiseaux rares et les animaux se multiplier**ont** dans les prochaines années***.
8. Si tu veux, nous fer**ons** une petite excursion en vélo dans le parc naturel où je te montrer**ai** ce magnifique biotope avec sa flore et sa faune.
9. Tu pourr**ais** voir l'un des plus beaux paysages d'Europe et un coin du monde presque inconnu.

⇒ *** Wenn Sie sich bereits an dieser Stelle über die Veränderung der Zeitangaben genauer informieren möchten, so blättern Sie weiter: Die Tabelle Kapitel 6 C hilft Ihnen weiter!

Regel 5: *Passé simple* wird zu *plus-que-parfait*.

Beispiel: Annette **a lu** dans le journal: «Le Président de la République **salua** toutes les filles au pair et leur **souhaita** de passer une année intéressante en France.»

→ Annette **a lu** dans le journal que le Président de la République **avait salué** toutes les filles au pair et leur **avait souhaité** de passer une année intéressante en France.

Anmerkung:
Der Grund dafür liegt darin, dass in Bezug auf die Vergangenheit (*passé simple* entspricht von der Zeitstufe her dem *passé composé!*) die Vorzeitigkeit nur durch das *plus-que-parfait* gebildet werden kann.

Üben Sie kurz mit, um sich mit diesem Phänomen vertraut zu machen.

Übung 4:   Mettez le discours du Président au discours indirect.

Le 1er avril, on peut lire dans le journal «Le Monde»:

«Le Président de la République Française salua toutes les filles au-pair et leur conseilla de profiter au maximum du séjour en France. Monsieur Chirac leur souhaita de bien s'intégrer dans leurs familles, il espéra que les jeunes filles étrangères pourraient faire la connaissance de leur région d'accueil et qu'elles auraient la chance de bien apprendre la langue française …
A la fin de son discours, le Président remercia les familles françaises pour leur hospitalité et les invita à la XXe Fête Nationale des Filles Au-pair, le 30 juillet à Versailles.»

Le soir, Matthieu l'a raconté à Annette: **«Dans le journal, on *a informé* les lecteurs que le Président de la République Française …»**   Continuez.

Regel 6:   Der *subjonctif* bleibt unverändert in der Standardsprache.

Da der *subjonctif* in der Vergangenheit nicht mehr üblich ist, ändert sich nichts, auch wenn das redeeinleitende Verb in einer Zeitform der Vergangenheit steht.

Beispiele: Annette **a demandé** (verlangt), **que** la petite Sophie **fasse** attention à ses pantalons bien propres.

Annette **dit / a dit qu'il faut / qu'il fallait que** Sophie **évite** (= subjonctif!) les flaques d'eau (Pfützen).

▶ Tipp: ◀

Verwechseln Sie nicht die Formen des *présent* und des *subjonctif* – bei vielen Verben besteht ein formaler Unterschied nur bei «nous» und «vous»!

Entraînez-vous une dernière fois.

> **Übung 5:** Mettez l'histoire au discours indirect:
> a) Annette dit à Sophie que …
> b) Annette a dit à Sophie que …

Un après-midi, Annette fait une promenade avec Sophie le long du fleuve. Quand il commence à pleuvoir, Sophie est très contente, contrairement à Annette qui essaye d'éduquer un peu sa petite.

1. Je veux que tu laisses le pauvre ver de terre* tranquille.
2. Fais attention que tu ne te mouilles pas les pieds.
3. Ne fais pas de bêtises! Il est compréhensible que tu aimes embêter les pauvres pigeons*, mais il ne leur plaira pas que tu leur arraches les plumes.

le ver de terre – Regenwurm; *le pigeon* – Taube

Nachdem Sie nun das Problem der Zeitenveränderung bei der direkten Rede gelernt haben, hier noch eine Liste nützlicher, redeeinleitender Verben, die Sie nicht nur beim Umwandeln von direkter in indirekte Rede, sondern auch beim freien Schreiben, z. B. bei der Beantwortung von Fragen zum Text oder in persönlichen Stellungnahmen gut einsetzen können:

Redeeinleitende Verben:

aviser qch	ankündigen
annoncer qch	ankündigen
affirmer	behaupten
avertir qn	jmd. warnen
communiquer qch à qn	mitteilen
confier qch à qn	jmd. etw. anvertrauen
dire	sagen
faire savoir qch à qn	jmd. ankündigen, dass
indiquer	hinweisen
informer qn	informieren, mitteilen, unterrichten
instruire qn	informieren, unterrichten
prévenir qn	unterrichten (im Voraus)
prétendre	behaupten, versichern
proclamer	(feierlich) ankündigen

Da Sie alle Informationen zum Zeitengebrauch in der indirekten Rede haben, können Sie nun die „gemischten Übungen" angehen:

Übung 6:   Exercice mixte. Mettez le texte au passé.

Une interview avec le maire de la capitale européenne, Catherine Trautmann:

N'ayant pas fait attention pendant les cours à l'école, les jumeaux ont reçu un «travail supplémentaire» de leur prof. Le titre: STRASBOURG – CAPITALE DE L'EUROPE.
Comme Mireille et Matthieu ne s'y connaissent pas bien, ils interviewent le maire de la ville qui leur a expliqué:

Setzen Sie zudem vor jede Aussage der Bürgermeisterin ein anderes rede-einleitendes Verb in der **Vergangenheit!**

Madame Trautmann leur **a expliqué:**
1. Strasbourg est devenue la capitale de l'Europe parce que la ville a subi une longue histoire de conflits et que, maintenant, elle est le symbole de la paix en Europe.
2. Après que les membres aient pris leur décision, Strasbourg a accueilli le Parlement européen, qui y restera bien sûr.
3. Tous les habitants ont lutté pour que Bruxelles ne revendique* pas le droit du siège du Parlement européen.
4. Par ailleurs, la position de Strasbourg comme plaque tournante économique et culturelle ne pourrait pas être mise en doute.
5. Les Allemands et les Français s'y réunissent sans que personne ne cherche à y souligner ses particularités nationales.
6. Contribuez à ce que cela reste un lieu international paisible et que l'union européenne s'y réalise à la longue.

revendiquer – fordern, verlangen, beanspruchen

B  Besonderheiten bei der indirekten Frage

Besonderheiten bei der Bildung indirekter Fragen

Wie bereits in der Einleitung zu diesem Kapitel angedeutet, bekommt die indirekte Frage nach dem frageeinleitenden Verb **nicht *que*** als Verbindungsglied zum indirekt wiedergegebenen Satz, **sondern *si* (= ob) oder** ein anderes **Fragewort**, das die direkte Frage einleitet.

Regel 7:	Bei der indirekten **Frage nach Personen** bleiben die **Fragewörter** der direkten Frage **unverändert** stehen.

Beispiel: Annette: «**Avec qui** as-tu joué, Sophie?»
→ Annette **a voulu savoir avec qui** Sophie avait joué.

Regel 8:	Bei der indirekten **Frage nach Sachen ersetzt** man das **Fragewort *que* durch *ce* +** Relativpronomen.

Beispiel: Annette: «Qu'est-ce que tu écris, Sophie?»
→ Annette ne sait pas **ce que** Sophie écrit. (**was** Sophie schreibt.)

Diese beiden Regeln können Sie in der folgenden Übung testen:

Übung 7:	**Mettez les questions au discours indirect.**

Annette a voulu savoir du grand-père de la famille ...
1. «Qu'est-ce que c'est, une ‹winstub›?»
2. «Qu'est-ce que les noms ‹riesling›, ‹muscat›, ‹edelzwicker› et ‹gewurztraminer› signifient?»
3. «Qui fait le meilleur Coq au riesling dans la famille?»
4. «De qui achetez-vous votre fromage ‹Munster fermier›?»
5. «Qu'est-ce que vous en pensez d'être Alsacien?»
6. «Qui représente le mieux le caractère alsacien, Roger Siffer, le cabarettiste?»
7. «A quoi est-ce que vous attachez l'espoir que le dialecte alsacien ne se perde pas?»

Einschränkungen im Gebrauch der indirekten Fragen

Nicht immer können indirekte Fragen gebildet werden; in einigen Fällen ist besondere Vorsicht geboten: Während in der deutschen Sprache problemlos indirekte Fragen an Substantive und jedes von der Bedeutung her geeignete Verb angeschlossen werden können, ist dies im Französischen nicht einfach möglich.

Beachten Sie daher im Hinblick auf die Abiturprüfung die beiden letzten Regeln genau:

Regel 9:	Eine indirekte Frage kann im Französischen nur an ein Verb angeschlossen werden, das ein **direktes Objekt** haben kann (= transitive Verben).
	Nicht aber: *questionner* – be-/ausfragen und *réfléchir* – überlegen

Beispiel:	Sophie veut **savoir si** elle peut avoir tous les bonbons.

Regel 10:	Im Französischen kann **an ein Substantiv keine indirekte Frage** angeschlossen werden!

D. h., die **Frage**, **warum** Sophie Bauchweh hat, lässt sich leicht beantworten. Sie hat alle Bonbons aufgegessen.

Doch diese Frage lässt sich so nicht wörtlich ins Französische übersetzen. Daher muss man sich anders behelfen.

▶ Tipp: ◀

- Entweder Sie fügen ein Verb, das eine indirekte Frage einleiten kann, zusätzlich ein,
- oder Sie versuchen die indirekte Frage zu umschreiben.

Eine Übersicht über die gängigsten Formulierungen soll Ihnen helfen, Fehler zu vermeiden:

Die Frage, ob …	*La question de savoir si …*
Der Grund, warum …	*La raison pour laquelle …*
Die Überlegung, ob …	*Il se demande si …* oder:
	Il réfléchit pour savoir si …
Er dachte darüber nach, ob …	*Il se demanda comment …* oder:
	Il réfléchit pour savoir comment …
Er zögerte, ob …	*Il a hésité, se demandant si …*

Und nun wieder von der Theorie zur Praxis:

Übung 8:   Traduisez.

1. Die Frage, warum die Elsässer sich zerrissen fühlen, ist einfach zu beantworten: Sie haben immer zwischen zwei Kulturen gelebt.
2. Häufig denkt man darüber nach, ob die elsässische Identität keine Probleme hervorruft.
3. Man zögert, ob man diese Frage den Leuten stellen kann.
4. Die Überlegung, warum alle historischen Konflikte heute vergessen sind, ist nahe liegend: Man identifiziert sich mit seiner Region, auch wenn das Elsässische als Sprache ein wenig verloren geht.

C  Personen-, Orts- und Zeitangaben bei der indirekten Rede

Zum Schluss noch ein Wort zur Umformung der Personen-, Orts- und Zeitangaben bei der indirekten Rede / Frage.

Wie Sie feststellen konnten, entsteht jedes Mal bei der Überführung von der direkten zur indirekten Rede / Frage eine **neue Redesituation.** Daher sind auch die Personen-, Orts- und Zeitangaben häufig von der neuen Sprecherperspektive betroffen und müssen an diese Situation angepasst werden.

Beachten Sie folgende Tipps und Tricks:

Zu den Personen

Hier unterscheidet man **drei** Möglichkeiten:

- Ist der **Sprecher** der direkten Rede mit dem der indirekten **identisch**, so äußert er sich jeweils in der **1. Person**.

  J'ai dit: «**Je** cherche **mes** bonbons.»
  → **J'**ai dit que **je** cherchais **mes** bonbons.

  D. h. alle Subjekt- / Objekt- und Possessivpronomen betreffen die 1. Person.

- Gibt es **zwei Gesprächspartner**, die miteinander reden, so stehen alle sprachlichen Elemente (Pronomen) in der 2. Person (Singular oder Plural, je nachdem, ob man sich duzt oder siezt):

  Tu as dit: «**Je** travaille dans **ma** chambre.»
  → **Tu** as dit que **tu** travaillais dans **ta** chambre. Ebenso:
  → **Vous** avez dit que **vous** travail**liez** dans **votre** chambre.

- Alle sprachlichen Äußerungen, die die 3. Person betreffen, stehen in der 3. Person. Achten Sie dabei gut auf die Bedeutungszusammenhänge!

Beispiel: Annette a dit à Mireille et à Matthieu:
«Ma décision est prise, je ne vous donnerai plus de kougelhopf parce que vous aurez encore plus mal au ventre.»
→ Annette a dit à Mireille et à Matthieu que **sa** décision était prise, qu'**elle** ne leur donnerait plus de kougelhopf, parce qu'**ils** auraient encore plus mal au ventre.

Die gemischten Übungen zum Schluss des Kapitels geben Ihnen Gelegenheit, darauf noch einmal genau zu achten.

Zu den Ortsangaben

Die Ortsangaben sind von der Redesituation weitgehend unabhängig. Konkrete Angaben, wie z. B. **Paris, Boulevard Haussmann** oder **en ville** bleiben selbstverständlich unverändert.

Ici und *là-bas* müssen je nach Sprecherperspektive angepasst werden.

Beispiel: Sophie: «Je reste **ici**.» (= dans le jardin d'enfants)
→ Annette dit plus tard au parents de Sophie que Sophie avait dit qu'elle restait **là-bas**. (oder: qu'elle y restait)

Zu den Zeitangaben

Datumsangaben, Monate und Jahreszahlen verändern sich bei der Umformung von direkter in indirekte Rede natürlich nicht.

Beispiel: Elle dit: «Je viendrai **le 30 mai.**»

→ Elle dit qu'elle viendrait **le 30 mai**.

Anders sieht es bei situations**ab**hängigen Zeitangaben aus, wie z. B. *aujourd'hui, hier, demain*. Hier müssen Sie jeweils die Perspektive, die bei der Umformung in indirekte Rede / Frage entsteht, berücksichtigen.

So kann *demain* stehen bleiben oder verändert werden, je nachdem, wann der Berichterstatter die direkte Rede indirekt wiedergibt.

Beispiel: Annette: «Je partirai **demain.**»

→ 1. Sophie dit à sa maman tout de suite après qu'Annette partirait **demain**. Oder:

Oder: → 2. La famille ne savait pas qu'Annette partirait **le lendemain**.

Satz 1 wird also zum Sprecherzeitpunkt wiedergegeben, Satz 2 dagegen zu irgend einem anderen Zeitpunkt.

Muss der Bezugspunkt geändert werden, so gelten folgende Verschiebungen der Zeitangaben:

aujourd'hui	→	**ce jour-là**
ce matin	→	**ce matin-là**
ce soir	→	**ce soir-là**
demain	→	**le lendemain**
après-demain	→	**le surlendemain (am übernächsten Tag)**
hier	→	**la veille (am Vortag)**
avant-hier	→	**l'avant-veille (zwei Tage zuvor)**
hier matin	→	**la veille au matin**
hier soir	→	**la veille au soir**
lundi, mardi, …	→	**le lundi (suivant)**
la semaine dernière	→	**la semaine précédente (oder la semaine d'avant)**
la semaine prochaine	→	**la semaine suivante (oder la semaine d'après)**

Abschlusstest

Bilan d'une année passée en Alsace.
Mettez le texte au passé.

«Hier soir, j'ai réfléchi et j'ai fait le bilan de mon année ici, dans ma famille française.

Dès le début, j'ai toujours eu le sentiment d'être bienvenue. Vous avez fait tout ce qui était possible pour me montrer la beauté de votre région. En particulier, j'aimerais bien revoir les petits villages pittoresques comme Hunspach, Kaysersberg et Mittelberghain. Dans ces endroits, on a le sentiment que le cœur de l'Alsace bat. Les gens n'y sont pas stressés, on se réjouit du beau paysage, même si les écolos disent que la destruction de la nature s'accélère! En voyageant, je n'avais pas cette impression.

J'aimerais bien vous rendre visite l'année prochaine.

Si vous êtes d'accord, j'appellerai mes parents ce soir et je les prierai de venir me chercher à la gare de Köln. Ne dites rien, ne soyez pas tristes que je parte, sinon on pleurera tous ensemble après-demain quand je partirai. Grand merci pour tout ce que vous avez fait pour moi!»

Annette **avait dit** que …   **Continuez.**

7

Einstiegstest

Remplacez la partie de la phrase soulignée par le pronom qui convient!

Paris Match – Un peu de „Klatsch"?

Dans les journaux à scandales comme dans les journaux d'informations travaillant sérieusement, il y a toujours <u>des reportages sur le grand monde</u>. Les reporters interviewent <u>Gérard Depardieu</u>, ce grand acteur, parce qu'il a tourné trois films en même temps.

Pierre Brice? On s'intéresse <u>à ses mémoires</u>. Il a personnifié <u>Winnetou</u>, et Winnetou était un personnage impressionnant qui avait toujours défendu <u>les valeurs d'un monde intact</u>.

Ou Georges Simenon? Il a écrit <u>ses meilleurs romans</u> <u>à Paris</u>. Hier, il était <u>au théâtre</u>, ayant assisté <u>à la première d'une nouvelle pièce</u>.

Quant à Lagerfeld, Dior, Chanel et compagnie? Ils ont fait l'honneur <u>aux grandes dames de Paris</u> de présenter <u>leurs dernières créations</u> <u>dans la grande salle du Louvre</u>. Le prix d'entrée: chacun des invitées a payé une somme énorme. Quoi? Vous ne voulez pas dépenser autant <u>d'argent</u> à un festival de couleurs? Je comprends <u>ces lecteurs</u>.

Prenez alors l'article sur Caroline de Monaco. Elle a présidé <u>la grande fête de bienfaisance</u>.

Encore un peu plus de «Klatsch»? On ne sait jamais, <u>si c'est vrai</u>, mais on chuchote* que son frère, le prince Albert, épouserait <u>la princesse de Suède, Victoria</u>, <u>à Stockholm</u>.

chuchoter – munkeln, flüstern

A ▶ Die Objektpronomen im Aussage- und Fragesatz

Im Französischen gibt es zwei Arten von Objekten, die problemlos zu unterscheiden sind: die **direkten** und die **indirekten Objekte.** Nur, wie lassen sie sich erkennen und welche Pronomen gehören an die jeweilige Stelle?
Lassen Sie uns dazu auf einen einfachen Trick zurückgreifen:
Wir fragen das französische Verb nach seiner **Grundstruktur,** d. h. wir stellen fest, mit welchen Anschlüssen das Verb im Infinitiv konstruiert wird.

Unterscheidung: Direkte und indirekte Objekte

L'aventure de «Paris»
Little Joe est parti de la Ponderosa / Texas pour compléter son éducation générale à Paris. Arrivé à l'aéroport Paris-Orly, il quitte l'avion et va aux informations pour se renseigner sur le meilleur hotel en ville.

Une jeune dame donne l'adresse à Little Joe.

Wie finden Sie nun heraus, welche Objekte in diesem Satz enthalten sind?

Zuerst suchen Sie zu dem verwendeten Verb *donner* die Grundstruktur:
Infinitiv: → **donner quelque chose** (qch) **à quelqu'un** (qn)

So stellen Sie fest, dass *donner* zwei Objekte besitzt:
quelque chose (hier: l'adresse) und *à quelqu'un* (hier: à Little Joe).

donner	l'adresse

Das Objekt *quelque chose (l'adresse)* ist also **direkt an das Verb angeschlossen**, nichts trennt die beiden Satzteile in der Verbstruktur. Dieser **direkte Anschluss** gibt dem Objekt den Namen: Es wird als **direktes Objekt** bezeichnet.

donner	(à)	Little Joe

Sie sehen, die Präposition **à** erlaubt hier keinen direkten Anschluss ans Verb, dieser ist nur **indirekt,** „auf dem Umweg" über die **Präposition à** möglich: daher die Bezeichnung **indirektes Objekt.**

Regel 1:	Die **Infinitivstruktur des Verbs** gibt Auskunft über die Art der Objekte: Infinitiv **qn/qch** = direkter Anschluss = **direktes Objekt** Infinitiv **à qn/qch** = indirekter Anschluss = **indirektes Objekt**

▶ Tipp: ◀

Fragen Sie immer die Grundstruktur des **französischen** Verbs ab! Denn: Die Anschlüsse des deutschen Verbs weichen unter Umständen vom Französischen ab, wodurch Fehler entstehen können.

Wenn Sie nun ein Objekt durch das entsprechende Objektpronomen ersetzen wollen, so beachten Sie:

● Direkte Objekte ersetzt man in der 3. Person immer durch

> **le**   (= männliches Objekt im Singular)
> **la**   (= weibliches Objekt im Singular)
> **les** (= männliches oder weibliches Objekt im Plural).

● Indirekte Objekte ersetzt man in der 3. Person immer durch

> **lui**   (= alle indirekten Objekte im Singular)
> **leur** (= alle indirekten Objekte im Plural).

▶ Tipp: ◀

In der **1. und 2. Person Singular / Plural** ist eine Unterscheidung der Objekte nicht nötig, da die **Formen** der Objektpronomen **identisch** sind:

> **me, te, nous, vous**

Stellung der Pronomen im Aussage- und Fragesatz

Bevor Sie nun mit den Übungen beginnen, hier zur Wiederholung noch die Regel für die Stellung der Pronomen im Aussage- / Fragesatz:

Regel 2:	Das Objektpronomen steht immer **vor** der **konjugierten Verbform!** Dies gilt auch dann, wenn der Satz zusätzlich eine Verneinung enthält.

Beispiele: Little Joe **loue la chambre d'hôtel avec téléphone.**
→ Little Joe **la loue.**
Mais il **ne** téléphone **pas** tout de suite **à son père.**
→ Mais il **ne lui téléphone pas** tout de suite.

Zudem gilt:

> **Regel 3:** Gibt es **mehrere Verbformen** im Satz, so stehen die Objekt-pronomen immer **vor dem Verb**, von dem das **ersetzte Objekt abhängt.**

Beispiel: Le soir, Ben Cartwright **aurait** bien **aimé appeler** son fils à l'hôtel.
→ Ben **aurait** bien **aimé l'appeler** à l'hôtel.
→ **appeler quelqu'un:** das direkte Objekt *son fils* hängt also von *appeler* ab, das Objektpronomen steht daher direkt vor diesem Verb.

Üben Sie diese Regeln nun gleich ein:

> **Übung 1:** **Remplacez les objets soulignés par leurs pronoms:**

1. Le chef de réception a prié **Little Joe** de faire attention à Paris.
2. Et il a donné un guide vert **à son client américain.**
3. Pendant sa première promenade sur les Champs-Elysées, notre Américain a déjà acheté **les smokings de sa vie.**
4. Ensuite il a visité **le Dôme des Invalides**, cherchant les invalides partout.
5. Comme il n'a pas trouvé **les invalides**, il a voulu monter, bien sportif, à la Tour Eiffel.
6. A la caisse, il a cherché **son porte-monnaie.**
7. Mais un pickpocket* avait vraiment volé **tout son argent.**

le pickpocket – der Taschendieb

 Tipp: ◀

Wenn Sie direkte Objekte durch Pronomen ersetzen und diese dann **vor** eine zusammengesetzte Verbform (**Hilfsverb** + *participe passé)* stellen, müssen Sie immer an den *accord du participe* denken. Bei Unsicherheiten können Sie die Regeln, die in Kapitel 3 erklärt werden, wiederholen!

Übung 2: Remplacez l'objet de la phrase par son pronom.

1. Ce jour-là, Little Joe avait appris **sa première leçon**: c'est la ville la plus dangereuse du monde entier.
2. Dans les stations de métro, on a déjà souvent menacé **les touristes**, le soir.
3. En plus, il faut surtout protéger **les femmes obligées de rentrer à la maison après leur travail.**
4. Les guides touristiques japonais ont même recommandé **aux femmes** de ne plus porter de jupes, quand elles se promènent à Paris.
5. Pour avertir **les voyageurs,**
6. les guides touristiques ont distingué **les zones dangereuses, dont le Louvre, les Champs-Elysées, l'Opéra etc.**
7. Et enfin, mesdames: N'acceptez jamais **les invitations d'un homme à dîner**! Cela veut dire que vous êtes d'accord …
8. Little Joe ne pourra que transmettre **ses expériences variées** quand il sera rentré en Amérique.

Kombination von zwei Objektpronomen

Beobachten Sie nun die Stellung der Objektpronomen in der folgenden Szene:

Avant de partir, Little Joe avait discuté avec son père:

Little Joe:	Je ne passerai pas mes vacances à San Francisco?
Ben:	Je ne te les paie pas.
Little Joe:	Mais tu **me** paies un voyage à Paris?
Ben:	Je vais **te** montrer **les prospectus.**
Little Joe:	Tu ne veux pas **me les** donner tout de suite?
Ben:	Si, je vais **te les** montrer, et je vais **les** montrer **à Adam** aussi. Je **les lui** photocopierai.
Adam:	Ah! On **te** paie les vacances à Paris. Mais on **te les** paie seulement pour que tu puisses améliorer ton français!

Daraus ergibt sich folgende Regel:

Regel 4:	**Zwei** Objektpronomen können nur **nebeneinander** stehen, wenn **eines** von ihnen **ein direktes Objekt** ist, also *le, la, les.*

Zudem ist die Reihenfolge der Objektpronomen festgelegt:

Regel 5:	**Es gibt zwei Kombinationen:** 1. Die **indirekten** Objektpronomen *me, te, se, nous, vous* stehen **vor** den direkten Objektpronomen *le, la, les.* 2. Die direkten Objektpronomen *le, la, les* stehen wiederum **vor** den indirekten Objektpronomen *lui* und *leur.*

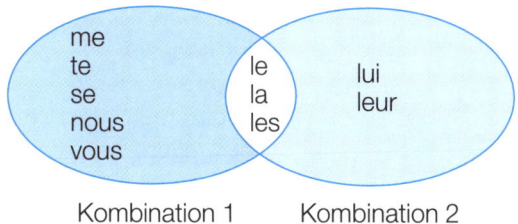

Kombination 1   Kombination 2

Bitte beachten Sie:
Andere Kombinationen sind vor dem konjugierten Verb im Aussage- oder Fragesatz nicht möglich!

Übung 3:	**Remplacez les objets soulignés par leurs pronoms d'objet.**

Le métro parisien
1. Il y a presque 100 ans, les meilleurs ingénieurs de France ont offert ce nouveau moyen de transport au public.
2. Avec fierté, on avait livré le métro aux Parisiens.
3. Souvent, on a donné le nom d'un savant ou d'un philosophe aux stations de métro.
4. Ainsi on pouvait transmettre les grands esprits de la France à la postérité.
5. Mais il y a aussi des noms particuliers: La station «Plaisance» par exemple rappellait un quartier de «plaisance» aux gens qu'on voulait séduire*.

6. En ce qui concerne la station Rue-du-Bac, il faut expliquer <u>la désignation aux visiteurs</u>: ce n'est pas l'abréviation qui veut effrayer les élèves en train de passer leur bac, mais c'était le nom d'un type de bateau.
7. Est-ce qu'on fera, peut-être plus tard, <u>le plaisir de nommer une station «Little Joe»</u> <u>à notre ami américain</u> ?

séduire qn – jmd. verführen

Regel 6:	Sollen die **direkten** Objektpronomen *me, te, se, nous, vous* mit einem **indirekten Objekt kombiniert** werden, so werden diese **indirekten Objekte** mit der **Präposition *à* + betontes Pronomen* nachgestellt.**

*Die betonten Pronomen sind:

> *moi*
> *toi*
> *lui, elle, soi*
> *nous*
> *vous*
> *eux, elles*

Beispiel: Little Joe **s'**adresse **à moi.**
Il ne **s'**intéresse pas **à moi**, mais à la Tour Eiffel.

D. h., die direkten Objektpronomen bleiben vor dem Verb stehen, die indirekten werden mit *à* nachgestellt.

Übung 4:	**Remplacez les objets par leurs pronoms. Attention! Exercice mixte.**

Un soir, au Moulin-Rouge, Little Joe fait la connaissance d'une parisienne, qui lui donne beaucoup d'informations importantes.

1. D'abord, Marie-Antoinette s'adresse **à l'Américain** et explique **à Joe**, qu'Henri de Toulouse-Lautrec a rendu célèbre **le cabaret du Moulin-Rouge** à la fin du siècle dernier par ses peintures du lieu de plaisirs.
2. Puis Joe s'est intéressé **à ce fameux peintre.**
3. Henri, né en 1864 à Albi, dans le sud de la France, ne pouvait jamais se résigner à sa situation: il s'était cassé deux fois **la jambe** dans sa jeunesse et était un peintre estropié* à vie.

4. «Des amis m'ont recommandé **à un professeur de peinture très reconnu à Paris»,** a-t-il dit **à sa mère**, «je vais y aller.»
5. Mais Toulouse-Lautrec ne s'est jamais soumis **aux règles de la peinture traditionnelle qu'il avait dû apprendre.**
6. «Dans ma vie privée, je me fie* **à ma peinture et aux filles de joie»,** a-t-il écrit **à un ami,** «je resterai toujours le handicapé».

estropié, e – verkrüppelt, gelähmt; *se fier à qn / qch* – jmd. / etw. (ver)trauen, sich auf jmd. / etw. verlassen

Merken Sie sich bitte noch zwei Besonderheiten:

Regel 7:	Bei den **Verben der Wahrnehmung** *écouter, entendre, regarder, voir, sentir* **und** bei *envoyer* und *laisser* gilt: 1. Sind **mehrere** pronominale **Objekte** vorhanden, gelten oben genannte Regeln. 2. Ist nur **ein einziges** pronominales **Objekt** vorhanden, so steht das **Objektpronomen** einfach **immer vor dem ersten Verb.**

Beispiel:	Little Joe a entendu **la belle Marie-Antoinette** ouvrir **sa porte.** → Little Joe **l**'a entendu**e l**'ouvrir.
Aber:	Little Joe a entendu **Marie-Antoinette** chanter. → Little Joe **l'a entendue chanter.**

Regel 8:	*faire* **+ Infinitiv** bilden eine **Einheit,** d. h. **alle Objektpronomen** stehen **vor** *faire* **+ Infinitiv.** Bei reflexiven Verben bleibt das **Reflexivpronomen vor** dem **Infinitiv.**

Beispiel:	Marie-Antoinette lui dit: «Je **me** suis fait couper **les cheveux.»** → Elle lui dit: «Je **me les** suis fait couper.»
Und:	→ «C'est ton charme qui **m**'a fait **m**'intéresser à l'Amérique.»

Mit allen wichtigen Informationen versehen, üben Sie diese Sonderfälle nun gleich mit ein:

Une promenade en bateau-mouche*

Un jour, les amis ont fait une promenade en bateau, voulant voir les curiosités au bord de la Seine:

1. Bien sûr, nous avons d'abord visité **la Tour Eiffel.**
2. Tout en haut, ils ont pu voir **l'église du Sacré-Cœur** au loin dans la brume.
3. Par hasard, nous avons entendu **la Marseillaise qu'on jouait en bas.**
4. Puis nous avons envoyé **le petit garçon d'une amie** au Quai Branly au pied de la Tour Eiffel, d'où partent les bateaux-mouches.
5. Tout en suivant le fleuve en direction de Notre-Dame et en profitant d'un beau soleil, les voyageurs sur le bateau ont écouté **leur charmant guide.**
6. Il a fait savoir **aux touristes de différentes nations** qu'il ne faut surtout pas se baigner dans la Seine à cause de sa forte pollution.
7. Juste devant Notre-Dame, presque comme prévu, nous avons entendu sonner **les cloches de la Cathédrale.**
8. Les impressions de cette promenade ont fait réfléchir **les voyageurs** sur l'histoire de cette grande nation.
9. Au retour, les marchands parisiens qui transportaient **leurs marchandises** sur la Seine, ont fait signe **aux touristes,** en faisant comprendre **aux étrangers** qu'on aime bien **ces bateaux de tourisme.**

A propos, saviez-vous que ...

les bateaux-mouches ne sont pas des bateaux sur lesquels il y a des nuées* de mouches*, mais des bateaux pour les touristes???

le bateau-mouche – Ausflugsboot; *la nuée* – Schwarm; *la mouche* – Fliege

B  Die Pronominaladverbien im Aussage- und Fragesatz

Die **Pronominaladverbien** *y* und *en* (auch **Adverbialpronomen** genannt) vertreten, wie die Objektpronomen, bestimmte Ergänzungen im Satz. Von ihrer Form her sind *y* und *en* **unveränderlich**, sie stehen immer in Verbindung mit einem Verb und weisen auf etwas hin, was bereits bekannt ist. Daher benötigen sie immer ein **vorangegangenes Bezugselement** im Text.

Pronominaladverb *y*

Regel 9:	*Y* vertritt **Ortsangaben** und **Ergänzungen mit à.**

Beispiel:	Little Joe est **à Paris.** Il s'intéresse beaucoup **à Montmartre.**
	→ Little Joe **y** est. Il s'**y** intéresse beaucoup.

▶ Tipp: ◀

Die Verwendung von **y** hängt wiederum von der Grundstruktur des Verbs ab:
retourner **à** une ville → **y** retourner

Regel 10:	Folgende Verben mit Grundstruktur Infinitiv + **à** … können **kein indirektes Objekt vor das Verb** stellen, sondern behelfen sich anders: • **à + betontes Pronomen** nachgestellt bei **Personen,** • **Ersatz** durch **y** bei **Sachen:**

avoir affaire à	*faire attention à*	*prendre garde à*
penser à	*recourir à*	*renoncer à*
rêver à	*songer à*	*tenir à*

Übung 6:	**Entraînez-vous. Y ou pronom d'objet indirect?**

Une promenade la nuit
1. Les amis se promènent souvent **au Quartier Latin.**
2. Ils font beaucoup attention **aux petits pickpockets.**
3. Ceux-ci aiment bien piquer de l'argent **aux touristes.**

4. Alors prenez garde **aux voleurs.**
5. Quand même, nos amis pensent aussi **aux coins romantiques.**
6. Pour cela, ils s'intéressent surtout **aux petits bars où on fait la fête la nuit.**

Pronominaladverb *en*

Regel 11:	a) *En* vertritt **Ergänzungen mit** *de* und **Mengenangaben;**
	b) sind die **Mengenangaben näher bestimmt**, so bleiben die **Bestimmungen erhalten.**

Beispiele: a) Joe vient **de la Ponderosa** et achète **des choses précieuses** à Paris.
→ Joe **en** vient et **en** achète.
b) Il prend aussi **trois chapeaux** pour son père et ses frères.
→ Il **en** prend **trois** pour son père et ses frères.

Bevor Sie den Gebrauch der Pronominaladverbien trainieren, beachten Sie deren Stellung im Satz:

Stellung der Pronominaladverbien

Wollen Sie alle möglichen Pronomen und die Pronominaladverbien einschließlich Verneinung in einen **„Satz-Bauplan"** aufnehmen, so ergibt sich für die Kombination aller „Bauteile" der folgende Übersichtsplan:

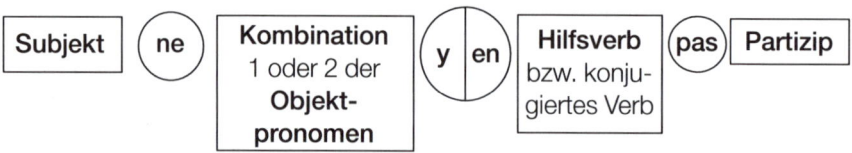

An die Stelle von **pas** können Sie alle anderen Verneinungspartikel setzen.
⇒ dazu Kapitel 4.

Konstruieren Sie einen **Satz mit Infinitiv**, so wird Ihr „**Satz-Bauplan**" folgendermaßen aussehen:

Und hier die Stellung der Pronomina „im Vergrößerungsglas":

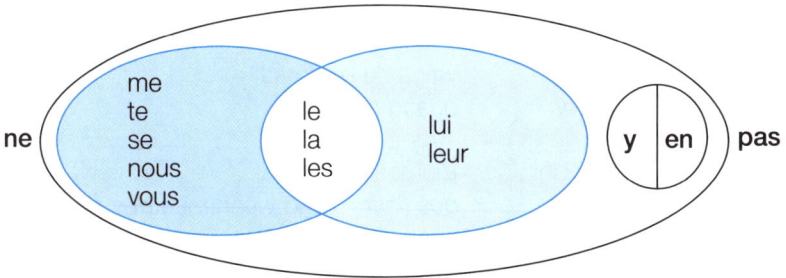

Üben Sie nun alle Varianten der Pronomina:

Übung 7: **Remplacez toutes les expressions par le pronom qui convient.**

Le stress des touristes

1. Vous voulez voir **des curiosités?**
2. Vous détestez **les embouteillages et la perte du temps?**
3. Vous n'aimez pas **la cérémonie des cartes postales?**
4. Ne faites pas **de bêtises.**
5. Il vaut mieux se reposer **à la maison.**
6. Vous boirez trois au lieu d'une seule **tasse de thé parfumé**, le soir, **sur votre balcon.**
7. Vous donnerez beaucoup **d'eau à vos plantes.**
8. Et vous verrez, vous songerez avec plaisir **à une foule énervée qui fait la queue devant un musée d'art moderne, dans une chaleur épouvantable.**

C  Die Objektpronomen und Pronominaladverbien im Befehlssatz

Beim verneinten Imperativ

Hier gelten die **gleichen Regeln**, die Sie bisher in diesem Kapitel für den **Aussage- und Fragesatz** gelernt haben.

Beim bejahten Imperativ

Veränderungen ergeben sich erst im Befehlssatz **ohne Verneinung!** Praktischerweise entspricht die Stellung der Pronomen etwa der im Deutschen: Sie stehen **hinter dem Verb!**

Sag mir,	wann du kommst!
Dis-moi	*quand tu viens.*
Schenk ihr	Blumen!
Offre-lui	*des fleurs.* (Und wenn man ***des fleurs*** noch ersetzt:)
Offre-lui-en.	

Und wie Sie feststellen können, sind auch die **betonten Pronomen** im Einsatz. Daher beachten Sie die folgende Regel:

> **Regel 12:** Die Pronomen stehen **hinter** dem **Verb**, wobei anstelle von *me/te* die betonten Pronomen *moi* und *toi* stehen, außer vor *y* und *en (m'y / t'en ….)*.
> Verb und Pronomen werden mit **Bindestrichen** verbunden!

▶ Tipp: ◀

Folgende Kombinationen sind möglich:

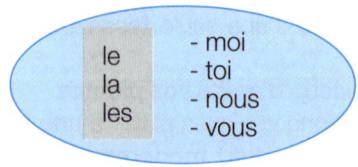

Testen Sie diese Regeln, indem Sie aus den Aussage- oder Fragesätzen einen Befehlssatz machen (das eingeklammerte Subjekt fällt dabei weg!).

Übung 8: **Remplacez les phrases suivantes par un impératif. Remplacez aussi les parties soulignées par le pronom qui convient.**

Dans la queue devant le Louvre, Joe et Marie-Antoinette écoutent une mère et ses enfants:

Mes enfants,
1. (Vous) ne regardez pas ainsi le vieux pépé.
2. Maintenant, (vous) me montrez vos mains.
3. (Vous) me donnez vos chewing-gums.
4. (Vous) ne laissez pas traîner des affaires par terre.
5. (Vous) vous lavez les mains là-bas.
6. (Vous) vous souvenez de ce que je vous ai dit à la maison, mes petits.

Und noch eine letzte Regel: Eh bien. Soit!

Regel 13: Stehen in einem Befehlssatz **mehrere Verben**, so ist immer zu entscheiden, **zu welchem Verb die Pronomen gehören:** entsprechend ist ihre **Stellung**.

Beispiel: Laisse-moi acheter **des citrons.**
→ Laisse-moi **en acheter.**

Übung 9: **Faites des phrases impératives.**

Au marché aux puces à Paris, Joe discute les prix des objets qu'il veut acheter comme souvenirs pour sa famille.

1. (Vous) me faites des prix spéciaux?
2. (Vous) ne me laissez pas discuter du prix de ce vieux bouquin*?
3. (Vous) me faites penser à mon père.
4. (Vous) donnez des livres à ce monsieur.
5. (Vous) nous laissez réserver ce vieux miroir à Marie-Antoinette.

le bouquin – Buch

Regel 14:	An die Imperativ-Formen der regelmäßigen Verben auf *-er* und die von *aller,* die auf Vokal enden, wird **vor *y*** und *en* noch ein *-s* angehängt.

Beispiele: **vas-y, manges-en, penses-y,** etc.

A la fin de votre entraînement dans ce chapitre-ci, encore quelques questions curieuses de la famille de Little Joe.

Abschlusstest

Après avoir visité tous les coins célèbres de Paris, Little Joe rentre au Texas et répond aux questions de son père et de ses frères toujours par «**Oui, …**».
Remplacez les parties soulignées par les pronoms qui conviennent et faites à la fin de l'entretien deux phrases impératives.

Le retour de Little Joe
1. Est-ce que tu as appris **la langue française?**
   Oui, je ….
2. As-tu vu **les belles filles à l'Opéra?**
3. Est-ce que tu as acheté **des souvenirs sur les Champs-Elysées?**
4. Est-ce que tu as savouré* **la ville de Paris la nuit?**
5. Peut-on se présenter **aux dames** sans invitation?
6. Est-ce que les clochards s'adressent vraiment **à la police?**
7. Est-il possible de s'habituer **aux coutumes françaises?**

Oui, mais **(vous) me croyez**, la vie en rose, on ne trouve pas toujours **cette vie à Paris. (Vous) me laissez parler des difficultés d'un tel voyage** plus tard.

savourer – genießen

8

Einstiegstest

Mettez les pronoms relatifs qui conviennent.

Les trois mousquetaires, une histoire célèbre et fascinante du temps de Louis XIII et de son adversaire Richelieu.

Vous connaissez Mylady? Une femme _____ la beauté est surprenante et une espionne _____ travaille pour le cardinal Richelieu, l'adversaire du roi Louis XIII _____ avait beaucoup de difficultés politiques à surmonter.

Mylady, _____ le véritable nom est Madame de Winter, et même celui-ci n'est pas tout à fait sûr, avait été mariée avec un comte de la Fère _____ la fortune n'était pas très grande. Quelques jours après le mariage _____ avait eu lieu dans le sud de la France, le comte de la Fère avait remarqué un grand «V» sur l'épaule de sa femme _____ était le signe pour «voleur». Qu'est-ce qu'il fallait faire?

La déception (avec) _____ le comte ne voulait pas continuer à vivre sur ses terres, l'a poussé à quitter le sud de la France, _____ n'était pas facile pour lui. A Paris, dans la garde du roi sous le fameux chef M. de Tréville (à) _____ il s'est confié il a trouvé une tâche _____ lui plaisait et quelque chose d'intéressant de _____ on parlait dans le royaume tout entier.

Madame de Winter, par contre, s'est attachée au cardinal, _____ on ne pouvait pas croire, mais _____ était vrai, pour lui servir d'espionne et pour combattre en même temps son ancien mari.

Bei den Relativpronomen unterscheidet man zwischen den einfachen *(qui, que, quoi, dont, où)* und den (mit *quel*) zusammengesetzten Relativpronomen.

Die Relativpronomen stellen die Verbindung zwischen einem Nebensatz und einem Bezugswort im Hauptsatz her. Dabei kann auch eine Präposition hinzutreten.

Um einen Überblick über den Gebrauch der Relativpronomen zu gewinnen, betrachten wir sie nacheinander.

A  Relativpronomen ohne Präposition

Qui und *que*

Um herauszufinden, welches der beiden Pronomen den Relativsatz einleiten muss, ist folgende Voraussetzung wichtig:

> **Regel 1:** *Qui* vertritt immer das **Subjekt** im Nebensatz, *que* vertritt das **Objekt.**

Beispiele: **Les trois mousquetaires qui** se battent au service du roi s'appellent Porthos, Athos et Aramis.
Leur ami d'Artagnan que les trois ont **recommandé** à M. de Tréville a été accepté.

▶ **Tipp:** ◀

Um herauszufinden, ob *qui* oder *que* stehen muss, gibt es einen einfachen Trick: Steht **direkt nach** dem **Relativpronomen ein Subjekt** (Subjektpronomen), so ist das Relativpronomen automatisch *que.*
Auskunft gibt Ihnen auch die Verbstruktur:

D'Artagnan _____ les trois ont recommandé **quelqu'un** (= dir. Objekt)
         que   ← **que** (wen oder was?)

Les trois mousquetaires _____ **se battent** au service de …
(= Subjekt von se battent)   ← **qui** (wer oder was?)

Beide Relativpronomen können sich sowohl auf Sachen als auch auf Personen beziehen.

Beachten Sie aber:

> **Regel 2:** Relativsätze dürfen **nicht direkt** auf *beaucoup, chacun* und *tout / tous* folgen!

Damit der Nebensatz trotzdem angeschlossen werden kann, ist eine Ergänzung einzuschieben:

Beispiele: **Beaucoup de jeunes gens qui** veulent devenir mousquetaires sont refusés.

Tous ceux qui sont admis comme membre de la garde risquent leur vie pour le roi.

Übung 1: **Remplissez les lacunes en mettant les pronoms relatifs qui conviennent.**

Les personnages d'Alexandre Dumas

Athos, _____ est le type d'homme romantique, s'est joint à la garde du roi _____ est connue pour ses combats acharnés avec la garde du cardinal Richelieu.

Son ami _____ on appelle Porthos est en vérité le Comte du Vallon.

Le troisième compagnon _____ les autres estiment beaucoup, c'est Aramis.

L'amitié des trois mousquetaires _____ les gens admirent beaucoup est la base de leur succès.

Richelieu, _____ les déteste, essaye toujours de nuire aux mousquetaires parce qu'ils empêchent l'élargissement de son influence et de sa puissance.

Pour cette raison, il hait d'Artagnan _____ renforce le trio puissant du roi.

M. de Tréville, _____ est le chef des mousquetaires et _____ Richelieu ne peut pas souffrir non plus, est très content de son «trèfle à quatre feuilles*».

le trèfle à quatre feuilles – vierblättriges Kleeblatt

Regel 3: Ist der Relativsatz ein **indirekter Fragesatz**, so stehen die Relativpronomen ***ce qui*** und ***cc que***.

Beispiele: La reine Anne était tendrement liée avec Lord Buckingham, **ce que** personne ne savait.

→ … **was** niemand wusste.

Ce qui était dangereux pour Anne, c'était la jalousie du Cardinal.

→ **Was** für Anne gefährlich war, war …

▶ Tipp: ◀

Ce qui und *ce que* sind immer dann erforderlich, wenn beim Übersetzen im Deutschen **„was"** steht. Das gilt auch, wenn das Relativpronomen *dont* ist, dann steht **ce dont**. Dabei können die Relativpronomen auf Satzteile oder ganze Sätze Bezug nehmen.

Übung 2:   Remplissez les lacunes.

La reine Anne en danger

Un jour, le cardinal Richelieu, _____ est le puissant ministre de Louis XIII, a trouvé un moyen de nuire à Anne.

Il a donné un conseil _____ Louis ne pouvait pas écarter à cause de sa propre jalousie: le roi avait offert à la reine douze broches de diamants, _____ le cardinal avait vu. _____ il savait aussi, c'était le fait que la reine les avait données à son amant. Celui-ci _____ était reparti pour l'Angleterre (_____ n'était pas bien pratique) n'était pas à joindre.

Comme le roi insistait pour qu'Anne porte les broches le soir du grand bal quelques jours plus tard, _____ elle ne pouvait absolument pas faire, la reine était dans une situation affreuse.

Il n'y avait pas beaucoup de gens _____ possédaient la confiance de la reine. Alors elle ne pouvait s'adresser qu'à sa demoiselle d'honneur, Constance Bonacieux, une belle jeune femme _____ d'Artagnan aimait de tout son cœur.

Constance, _____ ne supportait pas le chagrin de sa reine, _____ était bien compréhensible, s'est confiée aux mousquetaires _____ ont naturellement promis de risquer leur vie pour la reine et de rapporter les broches de diamants avant le soir du bal.

B ▶ Die Relativpronomen mit Präpositionen

Hier werden nun alle **Präpositionen** behandelt, die in Verbindung mit Relativpronomen auftreten können, außer der Präposition *de* (vgl. Kap. 8 C).

Es gilt Folgendes:

Regel 4:	Bei der Kombination **Relativpronomen mit Präposition** ist zu unterscheiden:
	1. Bezug des Relativpronomens auf **Personen**
	→ *lequel* oder *qui*
	2. Bezug des Relativpronomens auf **Sachen**
	→ *lequel*
	3. Bezug des Relativpronomens auf
	quelque chose, rien, ce → *quoi*

Je nachdem, mit welcher Präposition das Relativpronomen kombiniert wird, muss es angeglichen werden:

(à + lequel)	→	auquel
(à + lesquels)	→	auxquels
(à + laquelle)	→	à laquelle
(à + lesquelles)	→	auxquelles

Gleiches gilt für die Kombinationen mit *de!*

Beispiele: Les trois mousquetaires **(avec)** _____ d'Artagnan est parti se sont dépêchés d'arriver en Angleterre. → **avec lesquels / avec qui**

La reine, **(pour)** _____ les mousquetaires intervenaient, tremblait de peur. → **pour laquelle / pour qui**

Alles klar? Dann kann es losgehen:

Übung 3:	**Mettez le pronom relatif qui convient, utilisez la préposition entre parenthèses.**

La poursuite
Les hommes du cardinal, (à cause de) _____ les mousquetaires avaient beaucoup de problèmes, faisaient tout pour les attraper. Partout il y avait des

espions (en) _____ le cardinal avait confiance. On lui livrait tout ce (sans) _____ il n'aurait pas pu poursuivre les mousquetaires. Mais les hommes du roi ne se laissaient pas intimider.

Un jour, quand ils sont arrivés dans un petit village (dans) _____ ils voulaient passer la nuit, ils ont fait la connaissance de Mylady, une comtesse anglaise (avec) _____ ils ont pris le dîner. Après quelques jours, les amis ont constaté qu'il y avait quelque chose (à) _____ il fallait sérieusement s'intéresser: partout où il y avait cette dame, les hommes du cardinal apparaissaient.

Un soupçon (contre) _____ on ne pouvait pas se défendre: Mylady devait être une espionne du cardinal.

C ▶ Relativpronomen in der Verbindung mit der Präposition *de*

Folgt das Relativpronomen auf die Präposition **de**, so müssen Sie **drei** Fälle unterscheiden:

Das Relativpronomen *dont* vertritt die Ergänzung zum Verb

Beispiel: Je **parle de la femme**.
La femme dont je **parle** est Mylady.
Verbstruktur: parler **de** quelqu'un / quelque chose

> **Regel 5:**   Vertritt das Relativpronomen eine **Ergänzung zum Verb** mit **Präposition *de***, so steht *dont.*

Das Relativpronomen *dont* vertritt die Genitivergänzung zu einem Substantiv ohne *de*

Beispiel: **Le propriétaire de la taverne** aide les mousquetaires.
La taverne dont le propriétaire aide les mousquetaires ...
(= deren, dessen)

> **Regel 6:** Vertritt das Relativpronomen eine **Genitivergänzung zu einem Substantiv,** so steht *dont.*

Das Relativpronomen *dont* vertritt die Ergänzung zu einem Substantiv mit der Präposition *de*

Beispiel: Le carrosse **derrière la porte duquel** se trouve Mylady est poursuivi par les mousquetaires.

> **Regel 7:** Vertritt ein Relativpronomen eine **Genitivergänzung zu einem Substantiv mit *de,*** so steht *de + lequel.*
> **Ausnahme: nach *quelque chose, rien, ce* steht *de quoi.***

Üben Sie nun meisterlich …

> **Übung 4: Mettez le pronom relatif correct.**

En Angleterre

Quand les mousquetaires _____ nous avions déjà parlé sont arrivés en Angleterre ils ont d'abord dû chercher Lord Buckingham. Son valet de chambre savait quelque chose _____ il ne voulait pas parler. Alors Athos, Aramis et d'Artagnan se sont rendus tout de suite au palais royal à Londres dans la grande salle _____ il y avait une soirée officielle.

Les trois amis eurent des difficultés pour trouver Lord Buckingham. Le problème _____ ils avaient discuté plusieurs fois était de trouver le Lord dans la foule sans être tués par un homme du cardinal.

Enfin une dame _____ la demoiselle d'honneur avait décrit la situation délicate des hommes s'est rendue dans une chambre (dans) _____ Buckingham avait un entretien clandestin. Quand il a appris la mauvaise nouvelle, il est venu dans le couloir avec les broches de diamants _____ la vieille cassette était bien fermée.

Quelques instants plus tard, un nouveau problème _____ les mousquetaires s'étaient déjà occupés en arrivant s'est posé. Comment rentrer à Paris à temps?

Porthos _____ le valet de chambre de Buckingham avait prêté un bateau à voile très rapide attendait les autres à la côte.

De retour en France, les mousquetaires _____ d'Artagnan était maintenant le plus fort devraient tromper les hommes du cardinal.

Der Abschlusstest bietet Ihnen noch einmal alle Varianten in einem Text.

Abschlusstest

La rentrée à la dernière minute

Après quelques jours, les mousquetaires _____ avaient traversé la Manche et _____ beaucoup de gens avaient aidé sont arrivés dans un petit village _____ ils ne savaient pas le nom. Un comte _____ habitait dans la région leur a donné de nouveaux chevaux. _____ déprimait le plus les mousquetaires, c'était la perte du temps: chaque jour, il y avait des combats au corps à corps avec les hommes du cardinal _____ voulaient les retenir pourqu'ils n'arrivent pas à temps à Paris. Malheureusement, Athos, Porthos et Aramis (pour) _____ d'Artagnan n'avait pu rien faire, étaient blessés. Alors, ils ont bifurqué* pour tromper leurs poursuivants*.

Avec l'énergie du désespoir, d'Artagnan _____ était aussi épuisé, est arrivé juste au moment du bal. Mais la reine était déjà partie. Anne, _____ la demoiselle Constance pleurait, avait été renvoyée par son mari, _____ insistait pour qu'elle porte les broches de diamants et _____ avait des soupçons terribles.

Désespérée, la reine est retournée dans sa chambre, derrière la porte _____ d'Artagnan attendait. Rien de ce _____ elle avait pensé juste avant ne s'est réalisé: Anne a pu montrer les broches de diamants cinq minutes plus tard à la cour et à son mari étonné (à) _____ on a dit:

«Sire, la femme _____ vous avez épousée est vraiment belle. Et les bijoux _____ vous lui avez offerts et _____ on parle dans tout le royaume sont le complément de sa beauté particulière!»

bifurquer – sich trennen; *le poursuivant* – Verfolger

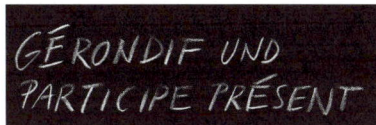

9

Le tour d'Allemagne

Nous sommes en Gaule en 55 avant Jésus-Christ. Toute la Gaule est occupée par les Romains, sauf un petit village gaulois. Nos amies Astérine et Obéline y vivent et s'y ennuient. Comme elles n'ont plus rien à faire après une centaine de batailles avec les Romains - ils les laissent tout à fait tranquilles – les deux amies deviennent presque mélancoliques.

Pour s'égayer* un peu, elles décident de faire une cure en voyageant en Allemagne, à cette époque un pays très calme et peu connu ...

s'égayer – sich aufmuntern

Begleiten Sie nun Astérine und Obéline auf ihrer Erholungsreise durch Deutschland, und trainieren Sie mit uns gleichzeitig Bildung und Gebrauch von *gérondif* und *participe présent.* Damit Sie Ihr Wissen prüfen können, bevor Sie unseren Grammatik-Zaubertrank zu sich nehmen, hier ein kleiner Test:

Einstiegstest

Ersetzen Sie die *gérondif-* oder *participe présent*-Konstruktionen durch die passenden Adverbialsätze, oder verkürzen Sie den Adverbialsatz durch ein *gérondif* bzw. ein *participe présent:*

1. **Comme les Romains ont essayé, depuis longtemps, de prendre le village gaulois,** nos amies se sont défendues de toutes leurs forces.
2. **En buvant la potion magique du druide Panoramix**, elles ont toujours résisté.
3. Même Assurancetourix, le chanteur, a contribué à ce succès **s'il n'a pas chanté trop faux**.
4. Mais depuis quelques mois, les deux amies sont malheureuses **parce qu'elles n'ont pas beaucoup de possibilités de s'amuser**. Les Romains actifs deviennent rares!
5. Un soir, **alors qu'Astérine mange**, elle dit: «Je dépose les armes*. Il n'y a plus de quoi jouer.
6. **En ne bougeant pas,** je grossis. Partons, Obéline.
7. **Si je fais un voyage,** je me distrairai facilement.»
8. Et Obéline répond: «Chouette*, Astérine, **en faisant la connaissance d'un autre peuple,** nous apprendrons sûrement comment ils font leurs poulets*. Préparons les valises.»

déposer les armes – die Waffen strecken; *chouette – toll, prima; un poulet* – ein Hähnchen

Auswertung:
⇒ Fällt Ihnen der Gebrauch von *gérondif* und *participe présent* nicht schwer, so gehen Sie gleich zu den gemischten Übungen am Schluss dieses Kapitels über. Dort finden auch Sie noch einige „grammatische Leckerbissen", die Ihnen zusagen werden.
⇒ Geben Ihnen die beiden Grammatik-Phänomene einige Rätsel auf, so gehen Sie mit uns Schritt für Schritt die wichtigen Punkte noch einmal durch und üben Sie systematisch. Das Fünf-Sterne-Grammatik-Menü am Ende des Kapitels wird für Sie dann ein Genuss sein.

A  *Gérondif*

Die Formenbildung

Bei fast allen französischen Verben wird das *gérondif* regelmäßig gebildet. Es wird immer von der **1. Person Plural des Präsens** abgeleitet. Die Endung **-ons** streicht man weg, die Endung **-ant** fügt man an den so entstandenen Verbstamm an. Vor diese Form setzt man die Präposition **en** und fertig ist das *gérondif!*

Beispiele:

Infinitiv	1. Pers. Pl. Präs.	gérondif
boire	nous buv-ons	en buv-ant
connaître	nous connaiss-ons	en connaiss-ant
dire	nous dis-ons	en dis-ant
faire	nous fais-ons	en fais-ant

Beachten Sie dabei die gewohnten Besonderheiten der französischen Rechtschreibung bei g und c :

commencer	nous commenç-ons	en commenç-ant
manger	nous mange-ons	en mange-ant

Nur **drei** Sonderformen des *gérondif* sind im Französischen zu beachten:

avoir	en ayant
être	en étant
savoir	en sachant

Üben Sie die Formenbildung nun gleich selbstständig weiter:

Übung 1:   Formez le gérondif.

1. attendre: →   en _____
2. choisir: →   en _____
3. construire: →   en _____
4. défendre: →   en _____
5. distraire: →   en _____
6. entendre: →   en _____
7. garnir: →   en _____
8. manipuler: →   en _____
9. parvenir: →   en _____
10. présenter   →   en _____
11. réfléchir: →   en _____
12. surprendre: →   en _____
13. voir: →   en _____
14. vouloir: →   en _____

Der Gebrauch des *gérondif*

Das *gérondif* ist eine sehr beliebte Art, sich gut auszudrücken, sowohl in der gesprochenen als auch in der geschriebenen Sprache.

Es dient dazu, (umständliche) Nebensätze oder adverbiale bzw. präpositionale Ausdrücke elegant zu verkürzen oder auch die Anreihung weiterer Hauptsätze zu vermeiden. Ihre sprachliche Ausdrucksfähigkeit können Sie also durch den Gebrauch des *gérondif* deutlich verbessern.

Beispiel 1: **Tandis qu'elles discutaient et qu'elles fixaient le but de leur voyage en Allemagne,** Astérine et Obéline sont arrivées à la frontière allemande à Saarbrückinum.

Nebensatzverkürzung:
→ **Tout en discutant** et **(en)* fixant** le but de leur voyage en Allemagne, Astérine et Obéline sont arrivées à la frontière allemande à Saarbrückinum.

*Werden zwei *gérondif*-Formen, die inhaltlich zusammengehören und kein pronominales Objekt haben, durch *et* verbunden, so kann *en* beim zweiten *gérondif* wegfallen.

Beispiel 2: **Quand elle lit le panneau*** «Saarbrückinum – Berlinorum 300 km», Obéline commence à avoir faim.

Nebensatzverkürzung:
En lisant le panneau «Saarbrückinum – Berlinorum 300 km», Obéline commence à avoir faim.

Durch diese Beispiele können Sie bereits Folgendes erkennen:
Das *gérondif* bestimmt den durch das Verb des Hauptsatzes ausgedrückten Vorgang näher!

Dabei gelten immer folgende beiden Regeln:

Regel 1: Ein *gérondif* kann nur stehen, wenn das **Subjekt** von Hauptsatz und Nebensatz **gleich** ist!

Regel 2: Die *gérondif*-Konstruktion ist zeitneutral und kann daher mit allen Zeiten im Hauptsatz kombiniert werden. Die entsprechende Zeit für das *gérondif* ergibt sich immer aus der Zeit des Hauptsatzes.

In welcher logischen (adverbialen) **Beziehung *gérondif* und Vorgang des Hauptsatzes** zueinander stehen, zeigt Ihnen der **Kontext**. Immer wird dabei der Aspekt der **Gleichzeitigkeit der jeweiligen Vorgänge** im Vordergrund stehen!

Folgende Möglichkeiten gibt es:

Temporaler Gebrauch des *gérondif*

Beispiele:

gérondif:	**Übersetzungsmöglichkeiten:**
En regardant une carte d'Allemagne, Astérine décide d'aller d'abord à Berlinorum, la capitale de l'Allemagne.	**Beim** Betrachten der Deutschlandkarte ...

Alternative Satzkonstruktionen:

Quand elle regarde une carte ... **Astérine regarde** une carte **et** décide d'aller d'abord à Berlinorum ...	**Als** sie ... betrachtet, ... Sie betrachtet ... **und** beschließt **dabei** ...

Sie sehen, dass der temporale Gebrauch des *gérondif* verschiedene Möglichkeiten logischer Verknüpfungen der Teilsätze eröffnet. Ihnen allen gemeinsam ist das Kriterium der **Gleichzeitigkeit der Vorgänge.**

Übung 2: **Transformez les phrases adverbiales en faisant des constructions avec gérondif.**

1. Pendant qu'Astérine et Obéline se promènent dans la forêt allemande, elles se plaignent beaucoup de s'ennuyer.
2. Elles se promènent et elles font de petites pauses.
3. Quand Astérine s'arrête, elle entend une voix desagréable.
4. Un Romain crie: «Ecartez-vous, Gauloises. Quand nous arrivons, nous demandons à tout le monde de céder le passage à l'armée romaine.»

5. Tandis qu'Obéline regarde attentivement les Romains, elle demande à Astérine si elle peut un peu s'amuser.
6. Astérine répond aimablement: «Les Romains nous demandent gentiment, et ils nous prouvent qu'ils ont tout appris de Monsieur Knigge, un Allemand très connu.
7. Nous faisons quelque chose pour leur éducation et nous nous amusons bien. Attaquons-les.»
8. Astérine et Obéline chantent une petite chanson gauloise, pendant qu'elles rouent de coups* leurs ennemis.
9. Un peu plus tard, elles s'arrêtent et se félicitent de ce bon travail.

rouer de coups – verhauen

Konditionaler Gebrauch des *gérondif*

Beispiele:

gérondif:	**Übersetzungsmöglichkeiten:**
En étant déjà à Berlinorum, les deux amies pourraient peut-être trouver la solution.	**Wenn** die Freundinnen ... wären, ...

Alternative Satzkonstruktion:

Si les amies étaient déjà à Berlinorum, elles pourraient peut-être trouver la solution au difficile problème du maire.	**Wenn** die Freundinnen ... wären, ...

Le maire de Berlinorum a un nouveau quartier dans sa ville et le courrier des Berlinorumiens n'arrive jamais, parce que les maisons ne sont pas encore numérotées.

Le plan de la ville est un carré magique. Le total des chiffres additionnés horizontalement, verticalement et diagonalement doit donner 15. Mais chaque chiffre de 1 à 9 ne doit être utilisé qu'une fois.
Comment les distribuer???

Übung 3: **Transformez les phrases conditionnelles en faisant des constructions avec gérondif.**

Astérine: Si nous arrivons à trouver le carré magique juste, nous fêterons notre succès sous la Porta Brandenburgae avec un bon poulet au vin.

Obéline: Tu pourras m'aider si tu me donnes un tuyau*.

un tuyau – ein Tipp (français familier)

Pouvez-vous aider nos amis? Donnez la solution!!!

Modaler Gebrauch des *gérondif*

Das *gérondif* kann aber auch je nach Satzzusammenhang **die Art und Weise** bezeichnen, in der etwas getan wird. Dann steht im Deutschen ein Nebensatz mit **indem / dadurch, dass / durch + substantiviertes Verb / Partizip Präsens.**

Beispiele:

gérondif:	Übersetzungsmöglichkeiten:
En lisant attentivement le guide vert, Astérine apprend qu'il y a de beaux magasins à Hannovrum.	**Durch** aufmerksames Lesen des Reiseführers erfährt Astérine …
En comptant ses devises allemandes, Obéline voit qu'elle pourra s'acheter une belle robe.	**Indem** Obéline genau ihr deutsches Geld zählt, sieht sie, dass sie sich ein schönes Kleid kaufen können wird.
Alors, les deux amies continuent leur chemin **en chantant.**	Also setzen die beiden Freundinnen ihren Weg **singend** fort.

Übung 4:   Traduisez les phrases suivantes.

1. Astérine und Obéline betreten mehrere Boutiquen und unterhalten sich.
2. Indem sie alle hübschen Modelle probieren, amüsieren sie sich gut.
3. Durch gute Auswahl findet Obéline ein Kleid, das sie sehr schlank aussehen lässt.
4. Astérine kauft sich lächelnd einen riesigen Hut.

▶ Tipp: ◀

- Achten Sie darauf, dass die **Verneinung** des *gérondif* wie die eines konjugierten Verbs zu erfolgen hat.

Beispiel: En **ne faisant pas** attention, je suis tombé dans l'eau.

- Stehen **Objektpronomen** oder **Pronominaladverbien** beim *gérondif,* so treten diese zwischen *en* und die Verbform bzw. zwischen *ne* und die Verbform bei verneintem *gérondif.*

Beispiele: **En l'observant** attentivement, j'ai vu qu'Astérine était sympathique.
    En ne la regardant pas, je n'ai pas vu qu'elle avait un coup de soleil (Sonnenbrand).

- Das *gérondif* kann durch ein ***tout*** verstärkt werden.

- Dieses ***tout*** drückt oft einen Gegensatz aus (konzessiver Gebrauch des *gérondif*), wenn gleichzeitig ablaufende Vorgänge inhaltlich eigentlich nicht zusammenpassen.

Beispiel: Les amies ont décidé de quitter Hannovrum le soir **tout en sachant** que Bonnborium était très loin d'ici.

- **Zur Verdeutlichung des Zeitengebrauchs eine letzte Übersicht:**

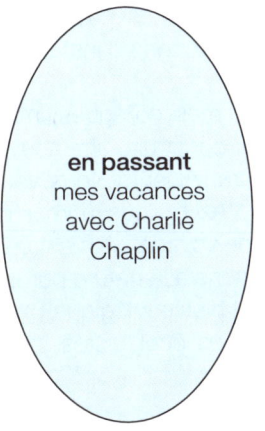

Je m'amuse bien

j'ai appris beaucoup de choses

je serai toujours de bonne humeur

je **pourrais être** le garçon le plus heureux du monde

j'**aurais pu** en apprendre beaucoup sur le cinéma

en passant
mes vacances
avec Charlie
Chaplin

wenn ich … **verbringe.**

als ich … **verbrachte.**

wenn / sobald ich …
verbringe.

wenn / falls ich …
verbringen würde.

wenn ich …
verbracht hätte.

Alles klar?
Dann auf zur nächsten Übungsrunde!

| Übung 5: | Transformez les phrases suivantes en utilisant le gérondif chaque fois que c'est possible. |

A Bonnborium, tous les chefs de ce pays se rencontrent pour une discussion politique. Les hommes politiques, Messieurs Krautnix, Rübelix et Müslix analysent la situation actuelle des voies de communication:

Krautnix: Comme nous devenons un état moderne, nous devons améliorer nos moyens de transport.

Rübelix: Si on compare la vieille «Schneckenpost» et le TGV gaulois, on remarque de grandes différences.

Krautnix: Et pendant que les autres pays ont élargi leur réseau* de chemin de fer, nous venons d'installer notre «Dampfboummelbahn».

Rübelix: Ne protestez pas, mes collègues, mais nous allons avancer dans nos efforts et construire une nouvelle «hipporoute» Bonnborium – Marsillium. Ainsi, si vous voulez rendre visite à vos amis à la Côte d'Azur, vous aurez une piste assez rapide: quatre semaines de voyage, ce n'est pas trop!

Müslix: Messieurs, retournons à la nature pure, back to nature, et marchons à pied, c'est plus écologique!

Rübelix: Si on laissait faire les écologistes, on retournerait à l'âge de pierre!

le réseau – Netz

B Participe présent

Das *participe présent* ist mit dem *gérondif* verwandt. Es wird **genauso gebildet wie** das *gérondif* und ist ebenfalls immer unveränderlich. Der formale Unterschied besteht darin, dass die Präposition **en** wegfällt.

Allerdings kommt das *participe présent* im Allgemeinen nur in der geschriebenen Sprache vor und hat meist eine Ergänzung bei sich.

Wie beim *gérondif* dient der Gebrauch einer *participe présent*-Konstruktion zur Straffung des Satzgefüges.

Das *participe présent* kann
- an der Stelle eines **Adverbialsatzes** stehen,
- einen **Relativsatz mit** *qui* ersetzen und
- bei verschiedenen Verben (vgl. die folgende Liste) als **prädikative Ergänzung** stehen und
- es ist **zeitlich neutral.**

Unterschied zwischen den beiden Konstruktionen:

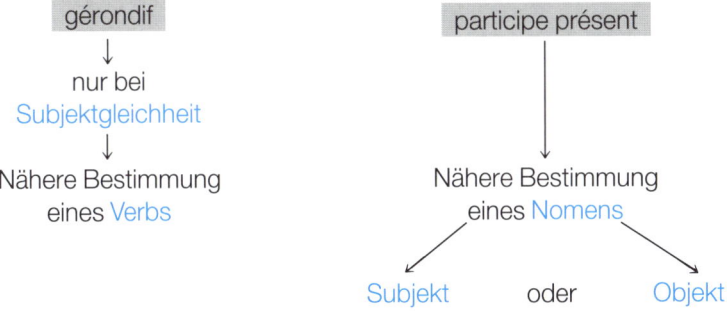

Beispiele: *Obéline a vu Charlie Chaplin en sortant du Dresdener Zwinger.*
… als *sie* aus dem Dresdener Zwinger kam. *(gérondif)*

Aber: Obéline a vu *Charlie Chaplin sortant* de l'hôtel «Taschenbergpalais». *(participe présent)*
… *der* aus dem Hotel «Taschenbergpalais» *kam.*

Ebenso: *Astérine a vu la célèbre «Semperoper» en faisant une visite guidée de la ville. (gérondif)*
… als *sie* eine Stadtführung machte.

Aber: Astérine a eu *un guide connaissant* très bien la ville et ses curiosités. *(participe présent)*
… *der* die Stadt und ihre Sehenswürdigkeiten sehr gut *kannte.*

Wie die Unterscheidung zeigt, können *gérondif* und *participe présent* zwar in einigen Fällen gleichermaßen verwendet werden, doch gibt es auch deutliche Unterschiede in der Funktion der beiden Konstruktionen. Beachten Sie daher die Besonderheiten des *participe présent* genau:

Das *participe présent* anstelle eines Relativsatzes mit *qui*

Regel 3:	Nur **Relativsätze mit *qui*** können durch ein *participe présent* ersetzt werden, wobei das **Prädikat** des Relativsatzes immer eine **Ergänzung** benötigt.

Beispiel:	Une vieille amie, **qui habite Dresdenum**, s'est mariée en France. → Une vieille amie **habitant Dresdenum** s'est mariée en France.

Sie sehen, das *participe présent* ersetzt immer ***qui* + Prädikat** des Relativsatzes!

Übung 6:	**Remplacez les phrases relatives par un participe présent si possible.**

1. Astérine s'entend très bien avec cette jeune fille qui parle le français.
2. Après quelques jours à Dresdenum, nos deux Françaises, qui voulaient voir tout ce beau pays, ont continué leur voyage à Municorum.
3. Elles sont allées à la «Theresienwiese» qui se trouve au centre de la ville.
4. Il y avait alors la fameuse fête d'octobre et Obéline a vu beaucoup de gens qui buvaient.
5. On buvait de la bière qui ne contenait pas d'alcool.
6. Et il y avait beaucoup de touristes étrangers qui chantaient «Ein Prosit».

Das *participe présent* anstelle eines temporalen oder kausalen Nebensatzes

Regel 4:	Das *participe présent* kann auch einen **temporalen** oder **kausalen Nebensatz** vertreten, wenn er das **gleiche Subjekt** wie der **Hauptsatz** hat.

Beispiele:	**Comme Astérine** ne sait pas très bien parler le bavarois, **elle** s'achète un dictionnaire. → Ne **sachant** pas très bien parler le bavarois, **Astérine** s'achète un dictionnaire.

Quand **elle** voit la queue devant le «Hofbräuhaus», **elle** préfère visiter un musée.

→ **Voyant** la queue devant le «Hofbräuhaus», **elle** préfère visiter un musée.

Übung 7: **Remplacez les phrases subordonnées par un participe présent si possible.**

L'ascension en ballon au lac de Constance

1. En route pour le lac de Constance, nos deux voyageuses ont eu une idée exceptionnelle.
2. Astérine et Obéline ont voulu essayer de faire une ascension en ballon, comme les gens disaient que l'entreprise Dornier organisait souvent des traversées du lac vers la Suisse.
3. Comme elles ont eu du beau temps à Friedrichshavorum, les deux Françaises sont parties en ballon.
4. Mais malheureusement, comme le vent les a poussées dans la fausse direction, il ne les a pas emmenées en Suisse, mais à Badum-Badum.
5. Quand ces dames sont descendues doucement du ciel, elles sont arrivées dans le jardin du casino.
6. Le monsieur à l'entrée ne les a pas fait entrer, comme elles n'étaient pas vêtues comme il fallait.

Im umgekehrten Fall, wenn Sie die Partizipialkonstruktion durch einen Nebensatz auflösen wollen, ist Folgendes zu beachten:

Regel 5: Kommen in einem Satz **zwei Partizipien** vor, die **mit et** verbunden sind und haben sie **kausale** Bedeutung, so muss bei der Auflösung in einen Nebensatz die Konjunktion *que* nach *et* eingefügt werden.

Beispiel: **Etant** Gauloise **et détestant** les Romains, Astérine les a toujours combattus.

→ **Comme** Astérine est Gauloise **et qu'**elle déteste les Romains, elle les a toujours combattus.

Probieren Sie es aus:

Übung 8:   Remplacez les constructions avec participe présent par une phrase subordonnée.

1. Réfléchissant bien et décidant de passer par Maincinum, les amies ont pris l'«hipporoute» de la vallée du Rhin pour parcourir la distance de Badum-Badum à Maincinum.
2. Elles avaient bien choisi Maincinum, y arrivant à l'époque du carnaval et voulant bien sûr s'amuser.
3. Obéline a perdu les clefs de sa maison, n'ayant pas bien fermé son sac à main et n'ayant pas fait attention dans la foule du lundi gras*.

le lundi gras – Rosenmontag

C   Besonderheiten des *participe présent*

Beachten Sie die Unterschiede zwischen den französischen Formen auf *-ant* und der deutschen Entsprechung.

Gérondif: bestimmt einen **Vorgang** näher
Participe présent: bestimmt ein **Nomen** näher und hat eine **Ergänzung**

Unterschied zum Deutschen:
Das deutsche Partizip Präsens drückt einen **Vorgang** aus.
→ Wenn Sie also ein deutsches Partizip Präsens ins Französische übersetzen wollen, so müssen Sie einen **Relativsatz** konstruieren.

Beispiel: Ich habe **spielende** Kinder gesehen. (Vorgang!)
            → *J'ai vu des enfants **qui jouaient.***

D ➤ Abgrenzung: *adjectif verbal*

Einige Verben können ein Adjektiv auf *-ant* bilden, daher spricht man vom Verbaladjektiv *(adjectif verbal)*.
Im Gegensatz zu *gérondif* und *participe présent,* die immer unveränderlich sind, wird das Verbaladjektiv, wie jedes andere Adjektiv auch, in Genus und Numerus an das entsprechende Bezugswort angeglichen.

Beispiel: un ami intéressant   **des** discours intéressant**s**
          un**e** amie intéressant**e**   **des** informations intéressant**es**

Der Unterschied zum *participe présent* besteht darin, dass es **kein direktes Objekt** haben kann und **nicht durch *ne ... pas* verneint** wird, sondern **nur durch *pas*.** Das *participe présent* drückt eine **Tätigkeit** aus, das *adjectif verbal* hingegen eine **dauerhafte Eigenschaft.**

Beispiel: un argument **pas** convaincant

Nicht aus allen Verben kann ein *adjectif verbal* abgeleitet werden, z. B. nicht aus *aller, boire* oder *dire.*
Zudem weichen diese Adjektive manchmal in ihrer Schreibung vom *participe présent* ab.

Da das *Ministère de l'Education nationale* bereits Ende der 70er Jahre empfohlen hat, in unklaren Fällen Fehler nicht zu werten, soll hier zum Schluss nur eine Liste derjenigen Formen stehen, die in Schreibung und/oder Bedeutung voneinander abweichen:

Participe présent:	adjectif verbal:
différant (sich unterscheidend)	différent (unterschiedlich, verschieden)
excellant (sich auszeichnend)	excellent (ausgezeichnet, hervorragend)
fatiguant (ermüdend)	fatigant (anstrengend)
négligeant (vernachlässigend)	négligent (einflussreich)
pouvant (könnend)	puissant (mächtig)
précédant (vorangehend)	précédent (vorig)
provoquant (verursachend, herausfordernd)	provocant (provozierend)
sachant (wissend)	savant (gelehrt)

Und nun zum Abschluss Ihres *gérondif / participe présent*-Trainings noch ein Test, in dem Sie die erworbenen Kenntnisse anwenden können.

Abschlusstest

Führen Sie jeweils die Arbeitsanweisung der Nummer aus, die nach jedem Satz in Klammern angegeben ist.

(1) Verkürzen Sie den Nebensatz durch ein *gérondif*.
(2) Verkürzen Sie den Nebensatz durch eine Partizipialkonstruktion.
(3) Ersetzen Sie das *participe présent* durch eine Nebensatzkonstruktion.
(4) Setzen Sie den deutschen Satz ins Französische.
(5) Ersetzen Sie den Relativsatz durch eine Partizipialkonstruktion.

- Pendant qu'Astérine et Obéline voyagent à Colonium, elles lisent un article intéressant sur la cathédrale (1).
- Comme les deux Françaises aiment beaucoup leur propre pays, elles décident bientôt de terminer leur tour d'Allemagne (2).
- Ayant vu autant de villes allemandes et ne s'étant pas ennuyées une seule minute, les deux femmes se dirigent vers la France (3).
- An der Grenze sehen sie schlafende Polizeiposten (4).
- Alors elles ne s'étonnent pas de rencontrer des Romains qui s'approchent à pas de loup* (5).
- En n'ayant pas rencontré de Gaulois depuis longtemps, les Romains se sont de nouveau multipliés (3).
- Comme Astérine et Obéline se battent joyeusement, les Romains se rendent compte que la vie tranquille en Gaule est terminée (2).

s'approcher à pas de loup – angeschlichen kommen

10

Das Passiv wird Ihnen Ihre gute Laune sicher nicht verderben, denn es gehört zu den recht übersichtlichen Kapiteln der französischen Grammatik, die erfahrungsgemäß nach ein wenig Übung keine Schwierigkeiten mehr bereiten.

Wir beginnen wieder mit einem Einstiegstest, der Ihnen zeigen wird, wie gut Sie Bildung und Gebrauch der Passiv-Formen im Textzusammenhang schon beherrschen.

Einstiegstest

Mettez le texte suivant au passif.

L'Eurotunnel

En 1802, un ingénieur français, Mathieu Favier, a proposé un projet révolutionnaire à Napoléon Bonaparte. Depuis longtemps, on avait prévu un tunnel sous la Manche pour relier la France et l'Angleterre. Les premiers plans publiés étonnaient les gens de l'époque. Mais la reprise des hostilités entre les deux pays détruit complètement les rêves de l'ingénieur.

En 1851, on reprendra l'idée de la réalisation d'un tunnel. Cette fois-ci, Hector Moreau a avancé une construction en acier pour les trains à vapeur. Mais Moreau et beaucoup d'autres scientifiques avaient fait des châteaux en Espagne*. On avait fondé les projets sur une base peu solide: dans les conditions politiques de l'époque, on ne pouvait pas réaliser une telle merveille technique.

Ce n'est qu'au 20ème siècle que la coexistence pacifique des pays d'Europe a permis la réalisation de ce chef-d'œuvre technique qu'on appelle «Eurotunnel».

faire des châteaux en Espagne – Luftschlösser bauen

Haben Sie noch Unsicherheiten bei der Verwendung von Passivkonstruktionen festgestellt, so gehen Sie die Bildung der Formen und deren Gebrauch noch einmal systematisch durch:

A 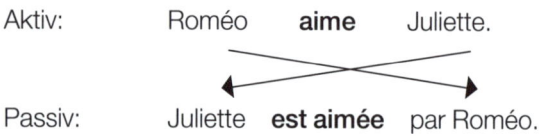 Die Bildung der Verbformen im Passiv

An einem Beispiel soll zunächst das Bildungsprinzip des Passivs verdeutlicht werden:

Aktiv: Roméo   **aime**   Juliette.

Passiv: Juliette   **est aimée**   par Roméo.

Konjugiert man das Verb **aimer** im Präsens in allen Personen, so entsteht folgendes Schema:

Französisch:			Deutsch:		
je	**suis**	aimé(e)	ich	**werde**	geliebt
tu	**es**	aimé(e)	du	**wirst**	geliebt
il	**est**	aimé	er	**wird**	geliebt
elle	**est**	aimée	sie	**wird**	geliebt
nous	**sommes**	aimé(e)s	wir	**werden**	geliebt
vous	**êtes**	aimé(e)s	ihr	**werdet**	geliebt
ils	**sont**	aimés	sie	**werden**	geliebt
elles	**sont**	aimées	sie	**werden**	geliebt
	Hilfsverb +	**participe**		**Hilfsverb** +	**Partizip**
	être	**passé**		*werden*	**Perfekt**

Zur Bildung der verschiedenen Zeiten des Passivs werden nun im Französischen wie im Deutschen die Hilfsverben jeweils in die entsprechende Zeit gesetzt; das Partizip bleibt dabei von der Zeitenbildung unberührt:

Und hier die Übersicht, die Sie schon immer gesucht haben:

Zeitformen:	Französisch		Deutsch	
présent	je **suis**	aimé(e)	ich **werde**	geliebt
passé composé	j' **ai été**	aimé(e)	ich	**bin** geliebt **worden**
passé simple	je **fus**	aimé(e)	ich **wurde**	geliebt
imparfait	j' **étais**	aimé(e)	ich **wurde**	geliebt
plus-que-parfait	j' **avais été** aimé(e)		ich **war**	geliebt **worden**
futur simple	je **serai**	aimé(e)	ich **werde**	geliebt **werden**
futur antérieur	j' **aurai été** aimé(e)		ich **werde**	geliebt **worden sein**
conditionnel I	je **serais**	aimé(e)	ich **würde**	geliebt **werden**
conditionnel II	j' **aurais été** aimé(e)		ich **wäre**	geliebt **worden**
subjonctif	que je **sois** aimé(e)		…, dass ich	geliebt **werde**

Regel 1: Die Formen des Passivs werden mit dem **Hilfsverb** *être* in der jeweils erforderlichen **Zeit** + dem *participe passé* **des Vollverbs** gebildet.
Das *participe passé* richtet sich **in Genus und Numerus** immer nach dem **Subjekt,** da es mit dem Hilfsverb *être* verbunden ist.

▶ Tipp: ◀

Lassen Sie sich nicht irritieren:
• Das Passiv wird mit dem Hilfsverb *être* gebildet!
• Die **Vergangenheitszeiten** von *être* werden mit *avoir* gebildet!
• Damit ist das Hilfsverb für das *participe passé* aber nach wie vor *être*, d. h. das *participe* muss nach seinem Subjekt verändert werden!

Nach so viel Theorie nun gleich eine Übung zur Bildung der Formen:

Übung 1:	Mettez les infinitifs à la personne indiquée et conjugez le verbe dans tous les temps du passif français et allemand.

Beispiel: **französisch:** **deutsch:**

voir (Nicole): Nicole est vue. Nicole wird gesehen.

Nicole a été vue … …

1. distribuer (le courrier …) _____

2. suivre (je …) _____

3. choisir (nous …) _____

4. exprimer (les pensées …) _____

5. voir (Michel, tu …) _____

6. découvrir (vous …) _____

Wenn Sie die Bildung der Formen beherrschen, können Sie sofort mit den Umformungsübungen weitermachen.

B ▸ Vom Aktivsatz zum Passivsatz: Umformung von Satzstrukturen

Aktivsatz: Ralph aime Gabrielle.

Passivsatz: Gabrielle est aimée par Ralph.

Was ist also festzustellen?

Regel 2:	Das **direkte Objekt** des Aktivsatzes wird **im** folgenden **Passivsatz** zum **Subjekt.** Das **Subjekt** des **Aktivsatzes** wird zur **Ergänzung,** die durch die Präposition *par* angeschlossen wird.

Bitte beachten Sie:

Die Präpositionalergänzung, der Urheber der Handlung also, wird in vielen Sätzen weggelassen.

*Gabrielle est aimée **par Ralph.***
→ Vollständiger Passivsatz **mit** Nennung des **Urhebers.**

Gabrielle est aimée.
→ Unvollständiger Passivsatz **ohne** Nennung des **Urhebers.**

Dies gilt ebenso für den Sonderfall des Passivsatzes, der aus einem Aktivsatz mit dem Subjekt *on* (man) gebildet wird:

On aime Ralph.
→ Vollständiger Aktivsatz mit **neutralem** Subjekt *on.*

Ralph est aimé.
→ Unvollständiger Passivsatz **ohne** Nennung des **Urhebers.**

▶ Tipp: ◀

Ist *on* das Subjekt des Aktivsatzes, so fällt dieses bei der Umformung in einen Passivsatz automatisch weg!
Die Kommunikation wird durch das Weglassen der Präpositionalergänzung normalerweise nicht beeinträchtigt.

Probieren Sie es in der folgenden Übung aus:

Übung 2: Mettez les phrases suivantes à la voix passive.

Pierre Faure, un journaliste de «Paris Match», est en train d'interviewer les habitants de Calais sur les avantages de l'Eurotunnel. Voici les réponses:

Tout d'abord, l'Eurotunnel a rapproché les deux pays, la France et l'Angleterre. Mais en même temps, l'Etat français a ainsi augmenté l'attractivité de notre région Nord-Pas-de-Calais: l'amélioration de l'infrastructure a transformé la ville de Lille, sans même mentionner les activités économiques et politiques. Pour cette raison, les perspectives d'avenir dans la région de Lille, nouveau carrefour européen, vont nous sortir de l'ombre.
D'ailleurs, selon les chiffres du syndicat d'initiative, l'expansion du tourisme dans la région dépasserait toutes nos attentes pour l'année prochaine.

▶ Tipp: ◀

Vorsicht: Das direkte Objekt des Aktivsatzes, das zum Subjekt des Passivsatzes werden soll, kann sich auch in einem **Objektpronomen** verstecken!

Nicht zu vergessen: Auch ein Infinitiv kann logischerweise ins Passiv gesetzt werden: der **Infinitiv** wird zum *participe passé*, dessen Hilfsverb natürlich *être* im Infinitiv ist!

Beispiele: On va **m**'interroger. → Je vais être interrogé(e) …
La police doit **trouver** le voleur. → Le voleur doit **être trouvé** par la police.

Übung 3:   **Transformez le texte suivant en mettant les phrases actives à la voix passive et vice versa (umgekehrt).**

Un peu plus tard, notre journaliste Pierre Faure est chargé d'une recherche sur «Médecins sans Frontières» (MSF) à l'occasion du 25ème anniversaire de l'organisation. Voilà son article dans «Paris Match»:

Bernard Kouchner a fondé l'organisation MSF en 1971. Depuis lors, des groupes de médecins et de journalistes ont aidé les populations en danger dans le monde entier.
La motivation des médecins? Soulager la misère. Leur devise? Soigner et témoigner. Ainsi, l'année dernière, presque 3000 médecins, infirmières et techniciens ont été envoyés dans les régions en crise.
Le président actuel, Philippe Biberson, a récemment avoué: «Le désir de m'épanouir* moi-même m'avait poussé. Et puis, mon métier de médecin constituait une condition préalable idéale.
Quand même, un exemple d'altruisme* et de serviabilité* est donné: les membres de notre organisation accusent les gouvernements qui ne s'occupent pas suffisamment de leurs peuples. Notre lutte contre les répressions et les persécutions* par les états est toujours accompagnée par le risque d'être chassé du pays. A l'avenir, nous devrons trouver un chemin fondé sur une base solide: MSF remplira l'obligation d'assistance, mais en même temps cette aide sera refusée si les gouvernements ne s'engagent pas dans l'amélioration des conditions de vie des pauvres.»

s'épanouir – sich entfalten, verwirklichen; *l'altruisme* – Selbstlosigkeit, Nächstenliebe; *la serviabilité* – Hilfsbereitschaft; *la persécution* – Verfolgung

C ◣ Der Gebrauch des Passivs

Das Aspektproblem

Das Passiv kann sowohl einen **Zustand** als auch einen **Vorgang** bezeichnen!

Beispiel:
Zustand: *La nouvelle technique de Citroën **est vendue.*** ... **ist** verkauft.
Vorgang: *La nouvelle technique **est vendue** dans le monde entier.*
... **wird** verkauft.

Daher stellt sich die Frage, wie der Nicht-Muttersprachler zwischen Zustands-
und Vorgangspassiv unterscheiden kann, wenn die französische Sprache for-
mal keinen Unterschied macht?

Im Allgemeinen gilt Folgendes:
Ein **Zustand** wird ausgedrückt, wenn das Hilfsverb *être* in einer **nicht abgeschlossenen Zeit** steht *(présent / imparfait / conditionnel I),*

z. B. *Une nouvelle Renault 5 est / était / serait aussi construite.*
→ ... wird / wurde / würde ... gebaut

Ein **Vorgang** wird ausgedrückt, wenn das Hilfsverb *être* in einer **abgeschlossenen Zeit** steht *(passé composé / passé simple / plus-que-parfait / futur antérieur / conditionnel II),*
z. B. *Un «airbag» a été / fut / avait été / aurait été installé.*
→ ... wurde / wurde eingebaut / war / wäre eingebaut worden.

Ansonsten entscheiden immer die Bedeutung des Verbs und der Textzusammenhang.

Vergleiche:
La privatisation de l'industrie nucléaire
fut refusée par l'Etat.   **wurde abgelehnt**
Les responsables **sont élus.**   **sind gewählt**
Les responsables **sont élus par** les   **werden ... gewählt**
politiciens et les techniciens.
L'exposition sur le nucléaire **sera**   **wird ... geschlossen**
fermée à 17 heures.
L'exposition sur le nucléaire **sera**   **ist ... geschlossen**
fermée ce lundi.

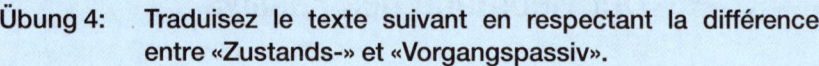

Übung 4: Traduisez le texte suivant en respectant la différence entre «Zustands-» et «Vorgangspassiv».

L'industrie touristique

Les vacances du touriste français d'aujourd'hui sont bien organisées.

Elles sont organisées par l'un des deux grands spécialistes: Le Club Méditer-ranée ou Nouvelles Frontières (NF).

Le Club Med est spécialisé: un «village» est exporté à l'étranger n'importe où.

Depuis sa fondation, plus d'un million de clients par an ont été installés dans une centaine de clubs dans le monde entier.

Cette entreprise familiale avait été élargie par son fondateur Serge Trigano.

Nouvelles Frontières par contre, est dirigée par Jacques Maillot dont la com-pagnie a été créée avec l'intention d'entrer en concurrence avec le Club Med.

Pour cette raison, les cartes dans la lutte des concurrents sont déjà distri-buées:

Alors que les clients du Club Med payent cher, le problème financier de ceux de NF est déjà résolu.

Les prix de NF avaient été calculés dans le but d'être les moins chers.

Ainsi, les clients sont vraiment très courtisés*.

courtiser qn – jmd. umwerben, den Hof machen

Par oder *de?*

Normalerweise wird der **Urheber einer Handlung mit *par* angeschlossen**, aber auch der Anschluss mit ***de*** ist bei einigen Verben möglich. Allerdings müssen Sie Folgendes beachten:

De* statt *par steht besonders bei Partizipien, die einen **Zustand** ausdrücken:

bordé de qch	eingesäumt, eingefasst von
connu de qn	bekannt bei
décoré de qch	geschmückt mit
entouré de qch/qn	umgeben von
ignoré de qn	unbeachtet von, unbekannt bei
oublié de qn	vergessen von

De steht auch bei Partizipien, die ein **Gefühl** ausdrücken:

aimé de qn	geliebt
craint de qn	gefürchtet
détesté de qn	verabscheut
effrayé de qch	erschreckt
estimé de qn	geschätzt
étonné de qch	erstaunt
haï de qn	gehasst
surpris de qch	überrascht

Darüber hinaus gibt es einige **Verben**, die je nach **Anschluss mit *de* oder *par*** ihre **Bedeutung ändern.** Diese sollten Sie gut kennen:

*Son livre a été **accompagné d'**une préface.*	versehen mit …
*Je suis **accompagné par** un ami.*	begleitet von …
*Il est **assailli de** félicitations.*	überschüttet mit …
*Il est **assailli par** ses élèves.*	umringt von, verfolgt von …
*La table est **décorée de** belles fleurs.*	geschmückt mit …
*La maison a été **décorée par** un architecte.*	dekoriert, eingerichtet von …
*Je suis **frappé de** ses résultats.*	überrascht von …
*Il a été **frappé par** des jeunes violents.*	zusammengeschlagen von …
*Le maire est **suivi de** deux secrétaires.*	gefolgt (begleitet) von …
*Le voleur était **suivi par** la police.*	verfolgt von …

Testen Sie im folgenden Text Ihr Wissen:

Übung 5: Mettez les prépositions correctes: par ou de!

Mon Dieu!

Que faites vous dans ce cas-là? Vous êtes accompagné _____ votre chien qui est presque écrasé _____ un camion parce qu'il a voulu effaroucher* un enfant qui jouait dans la rue. Vous êtes frappé _____ la vitesse avec laquelle la police est suivie _____ l'ambulance. Tout de suite, vous êtes assailli _____ des curieux*. Mais heureusement vous n'êtes pas suivi _____ le malheur. Le pauvre chien a échappé au danger direct et vous êtes assailli _____ félicitations des personnes présentes. Seulement le chien est surpris _____ événements: les 4 semaines suivantes il sera décoré _____ un beau plâtre* entourant sa queue!

effaroucher – warnen, aufscheuchen; *les curieux* – die Schaulustigen; *le plâtre* – Gips

Veränderungen im Sprachgebrauch

Die vorangegangenen Übungen haben das wichtigste Charakteristikum des Passivs schon gezeigt:

Das **französische Passiv braucht immer ein Subjekt**, und es kann nur dann gebildet werden, wenn ein **transitives Verb** zur Verfügung steht, ein Verb also, das von seiner Bedeutung her zum persönlichen Passiv fähig ist.

Da **Sprache lebendig** ist und sich im Laufe der Zeit immer wieder verändert, sind auch Veränderungen im Gebrauch der Verben möglich. So konnte man früher *obéir à qn* (jmd. gehorchen) und *pardonner à qn* (jmd. verzeihen) transitiv einsetzen; heute ist dies nicht mehr möglich. Dennoch können sie auch heute ein Passiv bilden:

> *Madame, vous serez obéie.*   *Vous êtes tous pardonnés.*

In Zweifelsfällen geben die **aktuellen Wörterbücher** mit den Abkürzungen **tr.** bzw. **intr.** darüber Auskunft, ob ein Verb (noch) transitiv gebraucht werden kann oder nicht.

 Si vous voulez en savoir plus sur l'évolution actuelle de la grammaire française ...

Das Passiv ist weiterhin in Gebrauch. Deutlich erkennbar ist jedoch die Tendenz, dass in der gesprochenen Sprache die Möglichkeiten, das Passiv durch aktivische Konstruktionen zu ersetzen, immer stärker genutzt werden.

D ▶ Passiversatz

Die Möglichkeiten, das Passiv durch andere Strukturen zu ersetzen, die „durchsichtiger" und daher oft leichter gebildet werden können, sind in der französischen Sprache recht beliebt:

Die einfachste Methode, die Passivkonstruktion zu umgehen und damit beim freien Schreiben (z. B. bei der Beantwortung von Fragen oder beim Abfassen eines *commentaire personnel*) Fehlerquellen oder Unsicherheiten zu vermeiden, ist die Konstruktion mit dem unpersönlichen *on*.

Passiversatz durch *on*

On als Vereinfachung im freien Sprachgebrauch

Beispiele: A Dunkerque, une éolienne (Windkraftanlage) énorme **a été construite.**
→ A Dunkerque, **on a construit** une éolienne énorme.
Ainsi, les besoins électriques d'environ 6000 habitants **seront assurés.**
→ Ainsi, **on assurera** les besoins électriques de 6000 habitants.

Übung 6:   **Entraînez-vous en remplaçant les phrases au passif par des constructions équivalentes actives avec *on* et vice versa.**

L'éolienne française:
Cette éolienne a été inventée en France.

Depuis longtemps, on améliore la réputation de la France dans le domaine de la production d'énergie.
La hauteur de ces pylônes* (67 mètres) ne sera atteinte ni en Europe ni ailleurs dans le monde.

En fait, on y aura aussi installé les pales* les plus grandes du monde: 32 mètres de longueur.

On a calculé le prix du kilowattheure: il sera équivalent au prix de l'énergie produite par une centrale nucléaire.

Malheureusement, selon les plans des hommes politiques, on vendra cette nouvelle technique surtout en Europe, mais pas beaucoup en France.

la pale*

le pylône*

une éolienne

On als Notwendigkeit in der Übersetzung

On ist dagegen immer notwendig, wenn man ein **deutsches Passiv ohne Subjekt** ins Französische übersetzen will:

Beispiele: In Frankreich wird auch baskisch und bretonisch gesprochen.
→ *En France, **on** parle aussi le basque et le breton.*

In Toulouse wird der Airbus gebaut.
→ *A Toulouse, **on** fabrique l'Airbus.*

Es wurde viel über das Unglück der europäischen Trägerrakete Ariane 5 gesprochen.
→ ***On** a beaucoup parlé du malheur de la fusée porteuse européenne Ariane 5.*

On zur Vermeidung des Urhebers einer Handlung

On wird aber häufig (in der Umgangssprache) auch dann verwendet, wenn der Urheber der Handlung nicht genannt werden soll.

Beispiele: *On* m'a caché les raisons de l'échec de la navigation interplanétaire des Européens.
Maintenant, **on** est en train de m'expliquer les problèmes des astronautes.

Als wichtige Vokabel sollten Sie sich in diesem Zusammenhang folgende Formulierung merken, die immer wieder vorkommt:
→ *Maintenant, on en décide …*   **Nun wird darüber entschieden …**

▶ Tipp: ◀

On wird in der Umgangssprache häufig auch **als Synonym** für *nous* gebraucht.
Dies darf nicht zu Verwechslungen mit *on* als Passiversatz führen! Das gibt sonst unter Umständen Schwierigkeiten in der Herübersetzung, die sich jedoch durch das genaue Betrachten des Textzusammenhangs vermeiden lassen!

Beispiel: *On a déjà fixé la date et l'heure de la rencontre.*
→ Wir haben Datum und Uhrzeit des Treffens schon festgelegt.
Oder: Datum und Uhrzeit des Treffens sind schon festgelegt worden.

Übung 7:   Entraînez-vous en traduisant les phrases suivantes.

---

1. Als begonnen worden war, hatte niemand an den Erfolg der ersten europäischen Rakete geglaubt, außer den Erbauern.
2. Während der Arbeit ist viel gelacht worden.
3. In Deutschland, England, Frankreich und Italien sind Teile der Rakete gebaut worden.
4. Man hat die Baupläne nicht veröffentlicht.

5. Es wurde befürchtet, dass man spionieren würde.
6. Es wurde lange darüber gerätselt, warum Ariane 5 explodiert ist.
7. In einem Computerprogramm sind Fehler vermutet worden.
8. Nun wird darüber entschieden, wann in Europa eine neue Ariane gebaut wird.

Passiversatz durch Reflexivkonstruktionen

Viele französische Verben können sowohl **im passivischen** Sinne als auch reflexiv verwendet werden. Diese Konstruktion fällt vielen Sprechern **leichter** als eine Passivkonstruktion; daher ist sie, vor allem im Präsens, recht häufig. Der **Urheber** wird dabei **nicht genannt**. Das **Subjekt** bezeichnet meist eine **Sache**.

Beispiele: *L'airbus s'achète à Toulouse.*
→ Den Airbus kauft man in Toulouse.

La plupart des avions fabriqués en France se vendent bien.
→ Die meisten in Frankreich gebauten Flugzeuge verkaufen sich gut.

Cela se comprend.
→ Das versteht sich.

Tout s'explique.
→ Jetzt ist alles klar.

Übung 8:   Entraînez-vous en traduisant.

1. Dieser Brief liest sich leicht.
2. Aber er übersetzt sich schwer,
3. denn das Verb „aller" ist schwer zu übersetzen.
4. Auch dieser Ausdruck wird nur in der Umgangssprache verwendet.
5. Nach einer anstrengenden Übersetzung wird bei uns Champagner zum Aperitif getrunken.

Sprachliche „Schlagsahne" zum Verfeinern des Grammatikgerichts:

Für alle Grammatikfreaks, die noch nicht genug grammatische Kalorien bekommen haben, hier noch ein besonderes „Schmankerl":

Untersuchen Sie nun sorgfältig, ob sich bei den Reflexivkonstruktionen viel-leicht noch Bedeutungsunterschiede zum Passiv ergeben:

Beispiele: *La lettre personnelle s'écrit à la main.*
→ Der persönliche Brief (an sich/grundsätzlich) wird mit der Hand geschrieben.

Oder: *La lettre personnelle est écrite à la main.*
→ Der persönliche Brief (dieser eine) ist mit der Hand ge-schrieben.

An der Konstruktion kann der Grammatikspezialist also Bedeutungsfeinheiten erkennen.

Umschreibung des Passivs mit besonderen Ausdrücken

Zum Schluss noch ein Schuss Crème fraîche zum Verfeinern Ihrer Kenntnisse: Wenn Sie beim freien Schreiben Abwechslung in Ihre Formulierungen bringen wollen, wählen Sie bisweilen auch einmal eine der folgenden Umschreibungen für das Passiv aus:

Umschreibung mit *se faire* + Infinitiv und *se voir* + Infinitiv

Beispiele: *Mme Fiffi s'est fait écraser dans un accident de voiture.*
→ Frau Fiffi hat sich bei einem Autounfall überfahren lassen.
(… ist überfahren worden)

M. Fiffi s'est vu attribuer le prix Nobel de ménage (Haushalts-führung).
→ Herrn Fiffi ist der Nobelpreis für Haushaltsführung zu-erkannt worden.

Umschreibung mit *être l'objet de* und *faire l'objet de*

Diese Möglichkeiten werden vor allem in der Zeitungssprache gebraucht.

Beispiele: *L'accident de Mme Fiffi sera l'objet d'une recherche policière.*
→ … wird Gegenstand einer polizeilichen Untersuchung sein.

Le prix Nobel de ménage de M. Fiffi fait l'objet de beaucoup de rigolades.
→ … stellt den Gegenstand/Anlass vieler Ulkereien dar.

Und nun nach so vielen sprachlichen Variationsmöglichkeiten im Passivbereich noch ein letztes Training aller erworbenen Kenntnisse.

Gemischte Übungen:

Übung 9: **Traduisez et, si possible, utilisez aussi des constructions réflexives.**

1. Die Michelin-Reiseführer, die auch „guides verts" genannt werden, werden in der ganzen Welt verkauft.
2. In demjenigen, in dem Poitiers zu finden ist, ist ein besonderes Phänomen beschrieben: das Futuroscope.
3. Man kann dort eine phantastische Ausstellung der französischen Kinotechnik* besichtigen.
4. Spektakuläre Leinwände* sind zu sehen:
5. Der „Tapis magique" und das „Cinéma dynamique" werden als Attraktionen betrachtet.
6. Aber auch das „360 Grad-Kino" oder das „Cinémax" mit einem Bildschirm von 600 Quadratmetern müssen genannt werden.
7. Kommen Sie, besichtigen Sie das Futuroscope und Ihre Träume werden Wirklichkeit werden.

technique cinéaste – Kinotechnik; *un écran* – die Leinwand

Übung 10: **Connaissez-vous le nom «Michelin»? Informez-vous et mettez les phrases au passif.**

L'histoire des «Michelin»
En 1889, on a inventé les premiers pneus démontables pour les voitures. C'était un progrès révolutionnaire qu'on a dû exploiter le plus vite possible après que Charles Therront eut gagné, en 1891, la course cycliste Paris – Brest – Paris. Peu après, les frères André et Edouard Michelin ont équipé des voitures automobiles et jusqu'aujourd'hui la compagnie «Michelin» symbolise le succès français dans le domaine des pneus automobiles. Michelin a même pu réaliser le but dont il rêvait depuis longtemps: être la compagnie la plus importante sur le marché mondial.

Nachdem wir alle Geheimnisse des Passivs gelüftet haben, wird der Abschlusstest ein Kinderspiel für Sie.

Abschlusstest

Mettez les phrases actives du texte suivant au passif et vice versa:

Chez Michelin, on louait* déjà au 19ème siècle le modèle d'organisation qu'on appelle «paternalisme». C'est-à-dire que les frères Michelin acceptaient naturellement une certaine responsabilité envers chaque travailleur de l'entreprise. Les deux patrons garantissaient une sécurité sociale et médicale: ils s'occupaient du temps libre de leurs employés, ils assuraient une bonne éducation scolaire des enfants et, avec les moyens financiers de la famille Michelin, on a pu construire un hôpital. On mettait des logements à la disposition* des familles qui étaient aussi persuadées que la compagnie payerait même leur enterrement! Aujourd'hui, «Michelin» a dû réduire le nombre d'employés comme c'est le cas dans toutes les autres entreprises sur le marché. On doit faire des économies pour pouvoir soutenir la concurrence internationale*. Ce qui reste surtout, c'est le petit bonhomme, qu'on a créé pour qu'il produise un effet efficace: on le connaît dans le monde entier.

louer qn – jmd. loben; *mettre qch à la disposition de qn* – jmd. etw. zur Verfügung stellen; *être capable de soutenir la concurrence* – konkurrenzfähig sein

11

Un groupe d'élèves allemands passe une semaine dans la vallée de la Loire pour y visiter les célèbres châteaux.

Monsieur Hasenfuss, professeur et accompagnateur des jeunes est plutôt un peu timide et laisse agir ses élèves. C'est ainsi que Matthias et Christophe, les meilleurs élèves du groupe, s'occupent un peu de l'organisation du voyage et dirigent le groupe. Avant de partir, ils ont déjà écrit à l'auberge de jeunesse de Tours, où ils veulent séjourner, pour se renseigner soigneusement. Voilà leur lettre:

Einstiegstest

Transformez les questions avec **est-ce que** en utilisant l'interrogation par inversion. Mettez les verbes entre parenthèses à la forme voulue par le contexte: inversion ou pas?

Cher Monsieur, chère Madame,

comme nous vous l'avons déjà annoncé, nous sommes un groupe de 18 élèves, prêts à une expédition scolaire dans la vallée de la Loire pour «apprendre» l'histoire française sur place en visitant vos châteaux, connus dans le monde entier.
Avant d'arriver, notre professeur, Monsieur Hasenfuss, nous a chargés de nous renseigner sur tout ce qui est à savoir. Pouvez-vous nous répondre aux questions suivantes:

1. Est-ce que vous avez encore six chambres disponibles du cinq au quinze juillet?
2. Est-ce que la chambre de notre prof sera suffisamment loin des nôtres pour qu'on ne soit pas dérangé par notre corps enseignant la nuit si on fait un tout petit peu de bruit?

3. D'ailleurs, est-ce que vous pourriez nous arranger cette affaire?
4. Ah, je ne voudrais pas oublier une chose peut-être intéressante: Qu'est-ce que les chambres coûtent?
5. Est-ce qu'il y aura assez de bicyclettes à louer pour tout le groupe?
6. Quels bistros (y avoir) dans la vieille ville?
7. Quant aux boutiques, qu'est-ce qu'elles offrent comme spécialités de la région?
8. (Exister) des revenants* dans un des châteaux pour qu'on puisse préparer leur histoire et qu'on fasse une blague à notre professeur?

Toujours (il / être) que nous attendons déjà impatiemment notre séjour dans votre auberge de jeunesse. Encore (falloir) vous annoncer que nous ne sommes peut-être pas des «enfants de chœur». Aussi (nous / devoir) vous mettre en garde*: Peut-être nos activités en ce qui concerne les recherches historiques (se limiter) à l'essentiel*.

Par contre, je me permets de citer notre prof, Monsieur Hasenfuss:
«Mes chers enfants» (il / dire) toujours, «je vous prie, vous êtes déjà grands, maintenant». Et il a raison, monsieur, madame, la moyenne de la taille dans notre classe est un mètre quatre-vingt-trois. Alors, ne craignez rien, nous nous donnerons toutes les peines du monde* pour que le séjour devienne une belle aventure dans notre vie scolaire.
Avec l'expression de notre parfaite considération*

Matthias et Christophe

le revenant – Gespenst, Geist (eines Verstorbenen); *mettre en garde* – warnen; *se donner toutes les peines du monde* – sich alle erdenkliche Mühe geben; *avec l'expression de ma/ notre parfaite considération* – hochachtungsvoll

Haben Sie alle Hürden gemeistert oder bleiben bei der Inversionsfrage noch Fragen offen? Bietet eher die Inversion im Aussagesatz ein Trainingsfeld für Sie?

Üben Sie gezielt zuerst Inversionsfragen, dann alle übrigen Inversionen. Beherrschen Sie einen Teil dieses grammatischen Problems schon, so gehen Sie gleich zu dem jeweils verbleibenden Bereich.

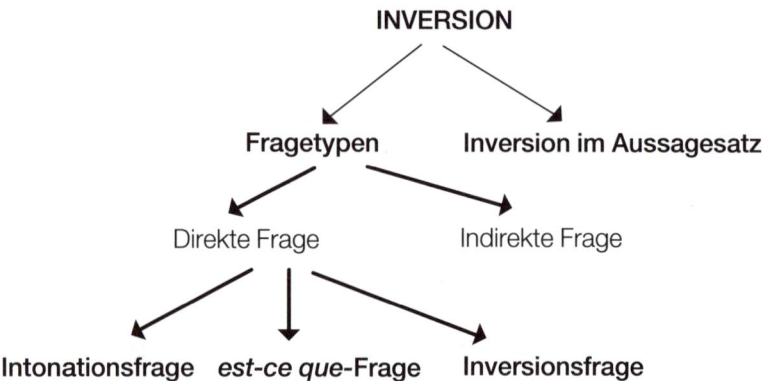

Im Französischen müssen wir grundsätzlich zwei **Fragetypen** unterscheiden:

- die **direkte Frage** (Beispiel: *«Où est-il?»* Antwort: *«Il est à Toulouse.»*) und

- die **indirekte Frage** im Nebensatz mit einem einleitenden Verb im vorausgehenden Hauptsatz (Beispiel: *Il me **demande** où j'ai été hier soir et **ce que** j'y ai fait.*) ⟹ vgl. dazu das Kapitel 6 „Indirekte Rede", in dem die indirekten Fragen ausführlich behandelt werden.

Bei der **direkten Frage** unterscheidet man:

- die **Intonationsfrage**, die hauptsächlich in der **gesprochenen Sprache** verwendet wird, da sie sehr einfach zu bilden ist:
Ein normaler **Aussagesatz** (Satzstellung **S-P-O**) wird allein durch die **Betonung** zum Fragesatz.

Beispiel: Tu vas visiter le château de Cheverny?

- Die ***est-ce que*-Frage** kommt sowohl in der **gesprochenen** als auch in der **geschriebenen Sprache** vor und ist ebenso einfach wie die Intonationsfrage zu konstruieren:
Sie besteht aus einem einfachen **Aussagesatz** (Satzstellung **S-P-O**), dem noch die **Frageformel *est-ce que*** vorangestellt wird:

Beispiel: **Est-ce que** je peux t'accompagner au château?

Bei der **Inversionsfrage** gibt es zwei Varianten:
- Die sogenannte **einfache Inversion** gehört überwiegend in den Bereich der geschriebenen Sprache.
- Die sogenannte **komplexe Inversion** findet fast nur in der geschriebenen Sprache Anwendung.

Das Grundprinzip der Inversionsfrage beruht auf der Umstellung der normalen Satzstellung **S-P-O:** das Subjekt wird hinter das konjugierte Verb gestellt, wobei verschiedene Regeln zu beachten sind.

In diesem Kapitel beschäftigen wir uns ausschließlich mit der Inversionsfrage, die in vielen Prüfungen verlangt wird. Dabei handelt es sich meist um Umformungsaufgaben, die in den folgenden Übungen trainiert werden.

A ▶ Die Inversionsfrage

Die einfache Inversion

Das bereits genannte Grundprinzip der einfachen Inversion beruht auf der Tatsache, dass das Subjekt hinter das konjugierte Verb gestellt wird.

Beispiele:	Où	est	le fantôme du château?
	Où	est	- il?
		konj. Verb	Subjekt

Dabei müssen Sie nun jeweils feststellen, welche Art von Subjekt der Satz hat: ein **Personalpronomen** oder ein **Substantiv** bzw. einen **Eigennamen.**

Das Subjekt ist ein Personalpronomen

Dies ist die einfachste Form der Frage:

Aussagesatz:	Tu veux me montrer tes devoirs.
Fragesatz:	Veux-tu me montrer tes devoirs?

Also: Personalpronomen einpacken, mitnehmen, anhängen

Regel 1:	Ist das **Subjekt** ein **Personalpronomen,** so wird es mit Bindestrich an das konjugierte Verb angehängt. Der übrige Satz bleibt absolut unverändert stehen; **merke: „Hände weg vom Satz!"**

Beispiele: Prof: Quand veux-tu venir au tableau, Nicolas?

Nic: Quand voulez-vous me frustrer, monsieur le professeur?

Anmerkung: Die Umstellung von *je* ist im Präsens nur noch bei folgenden Verben **üblich:**

avoir / être / aller / dire / faire / devoir / savoir / pouvoir
(Sonderform von *pouvoir:* **puis-je**).

Eine „technische" Besonderheit ist zudem zu beachten:

Regel 2: Endet das Verb auf **Vokal** und beginnt das nachgestellte Pronomen mit Vokal (*il, elle* und *on*), so wird **-t-** eingeschoben!

Beispiele: C'est vrai, il a dormi au cours, hier?
→ A-**t**-il dormi au cours, hier?

Und nun gleich auf zur ersten Übung!

Übung 1: **Transformez les phrases suivantes en construisant des interrogations par inversion.**

Arrivés à l'auberge de jeunesse de Tours, nos jeunes posent naïvement des questions à leur prof qui est un peu paumé*.

1. Vous avez les clefs de nos chambres, monsieur?
2. On mangera ici, ce soir, monsieur?
3. On n'aura pas droit à un grand verre de vin blanc pendant le repas, monsieur?
4. Nous ferons une promenade au bord de la Loire après le dîner, monsieur?
5. Nous serons vraiment obligés d'aller nous coucher à 22 heures, monsieur?
6. Vous ne dormez pas par hasard au bout de notre couloir*, monsieur?
7. Vous avez le sommeil léger ou profond, monsieur?

être paumé – verloren, hilflos sein; *le couloir* – der Gang, Flur

Wenn Sie aus einer *est-ce que*-Frage (*est-ce que* + normaler Aussagesatz!) eine Inversionsfrage machen wollen, so beachten Sie bitte:

▶ Tipp: ◀

- Bei der Umformung einer *est-ce que*-Frage in eine einfache Inversionsfrage streichen Sie zuerst die Frageformel *est-ce que* weg,
- dann erfolgt die Umstellung von Verb – Subjekt (wie in Regel 1 und 2 beschrieben!).
- Zusätzlich vorhandene Fragewörter bleiben dabei immer unverändert stehen!

Beispiel: Quand ~~est-ce que~~ vous allez vous coucher, monsieur le professeur?

→ Quand allez-vous vous coucher, monsieur le professeur?

Üben Sie nun weiter:

> **Übung 2: Transformez les phrases suivantes en construisant des questions par inversion.**

Le lendemain, au petit déjeuner, après une nuit pleine d'événements imprévus pour le pauvre Monsieur Hasenfuss, les élèves demandent à leur professeur:

1. Est-ce que nous visiterons tous les châteaux de la Loire?
2. Quand est-ce qu'on pourra aller à Avoine-Chinon, à côté de Chinon?
3. Est-ce que nous pourrons y entrer, dans le premier musée de technique nucléaire de la France?
4. Est-ce qu'il se trouve vraiment dans un réacteur nucléaire hors service*?
5. Est-ce qu'on passera après par le château de Chinon mentionné dans l'histoire de Jeanne d'Arc?
6. Où est-ce qu'elle a vraiment reconnu Charles VII qui s'était caché parmi les seigneurs de la cour royale?
7. Quand est-ce que vous nous raconterez l'histoire de la libération d'Orléans par Jeanne d'Arc pendant la Guerre de Cent Ans?

hors service – außer Betrieb

Après un tas de questions, Matthias et Christophe regardent autour de soi et remarquent que M. Hasenfuss a disparu. Et ils se demandent:

Übung 3:   Même exercice que l'exercice 2.

1. Il est où, M. Hasenfuss?
2. Quand est-ce qu'il est parti?
3. Qu'est-ce que nous ferons maintenant?
4. Il est possible de partir quand même?
5. Nous suivrons notre programme fixé avant le départ?

Das Subjekt ist ein Substantiv oder Eigenname

Sie müssen nun unterscheiden, ob die einfache oder komplexe Fragestellung zu verwenden ist.

Regel 3:   Die einfache Inversion steht nach den Fragewörtern *où, comment, quand, de / à qui , de / à quoi*, wenn:
→ das **Subjekt** ein **Substantiv / Eigenname** ist und
→ das **Verb keine** nominale (= substantivische) **Ergänzung** bei sich hat!

Beispiel: Prof: **Où** est **ton cahier** de physique, Nicolas?

Nic: J'en ai fait des avions en papier pour étudier leur trajet (Flugbahn).

A

Übung 4: **Formez la question.**

Prof:
devoirs
être
où
tes

Nic:
Je regrette beaucoup,
monsieur le professeur,
ils sont malades, ce matin,
ils ont la phtisie.
(Schwindsucht)

Übung 5: **Formez des questions par inversion en utilisant le mot interrogatif entre parenthèses.**

1. la visite guidée – commencer (où?)
2. les revenants – venir (quand?)
3. les revenants de ce château – travailler (comment?)
4. le guide – parler (de quoi?)
5. M. Hasenfuss – s'adresser (à qui?) pour nous retrouver.
6. les filles le persuader (comment?) afin qu'il ne soit pas fâché de sa mauvaise fortune*

la mauvaise fortune – das Missgeschick

Regel 4: a) Nach *quel* steht immer **einfache Inversion**.
b) Nach *que* kann ebenfalls **keine komplexe Inversion** stehen.
→ Steht das Verb im Satz **ohne nominale Ergänzung**, so steht **einfache Inversion** oder *est-ce que,*
→ steht das Verb **mit nominaler Ergänzung**, so steht *qu'est-ce que* und Aussagesatz.

Beispiele: **Quel** est le problème de M. Hasenfuss?

Que pense **M. Hasenfuss?**
(einfache Umstellung)
Qu'est-ce que M. Hasenfuss **pense?**
(ebenso, da keine nominale Ergänzung)
Qu'est-ce que M. Hasenfuss pense **de ses élèves?**
(nominale Ergänzung)

Die komplexe Inversion

Die **„komplexe" Inversion,** auch **„absolute Fragestellung"** genannt, hat ein Substantiv oder einen Eigennamen als Subjekt, und dieses **Subjekt** wird im Fragesatz nun **zweimal** gesetzt. Beachten Sie dazu:

Regel 5:	Bei der **komplexen Inversion** bleibt das **Subjekt** (= Substantiv oder Eigenname) **unberührt**, zusätzlich wird jedoch das passende **Personalpronomen**, das **stellvertretend** für das Subjekt eingesetzt werden könnte, noch an das konjugierte Verb mit Bindestrich angehängt.

Beispiel: La visite du château plaira aux élèves.

→ La visite du château **plaira-t-elle** aux élèves?

▶ Tipp: ◀

- Suchen Sie das **Subjekt des Satzes** und überlegen Sie, welches Personalpronomen Sie dafür einsetzen müssen.
- Nehmen Sie dieses **Personalpronomen** und hängen Sie es **an das konjugierte Verb mit Bindestrich** an.
- Ansonsten gilt: **„Hände weg vom Satz!"** Alles andere bleibt unverändert.

Übung 6:	Formez des interrogations complexes.

1. Les six femmes qui y ont vécu ont marqué l'histoire du château de Chenonceau.
2. Les historiens ne nous en ont retenu que deux.
3. Une de ces femmes, Diane de Poitiers, a vécu dans ce château.
4. Cette dame a reçu ce domicile de son amant royal, Henri II.
5. L'épouse de Henri II, Catherine de Médicis, a été très jalouse de sa rivale.
6. Après la mort du roi, Catherine a expulsé sa rivale de Chenonceau.
7. Diane a dû se retirer à Chaumont, un château trois fois plus petit que son domicile précédent.
8. Aujourd'hui, les amants n'offrent plus de châteaux à leurs maîtresses, mais des boîtes de bonbons.

Bei genauerer Betrachtung der eben verwendeten Satzarten stellen Sie fest:

Regel 6: Die komplexe Inversion **muss** immer bei **Entscheidungsfragen** stehen. **(Antwort: ja / nein)!**

Beispiel: La vallée de la Loire était-elle la région où les rois français aimaient et faisaient assassiner leurs rivaux*?
Réponse: Oui, bien sûr.

le rival, les rivaux – Rivale(n)

Außerdem gilt:

Regel 7: Die **komplexe Inversion** muss immer stehen nach *pourquoi* und wenn das **Subjekt** des Satzes *cela* ist, sowie in allen Fragen, in denen das **Verb eine nominale** (substantivische) **Ergänzung** enthält.

Beispiele: **Pourquoi** les soldats français **sont-ils** passés par le château de Chenonceau pendant la Seconde Guerre Mondiale?
Réponse: Pour trouver la liberté sur l'autre rive qui n'était pas occupée.
Comment les soldats **ont-ils** trouvé **la liberté**?
Réponse: En passant par la grande galerie de Catherine de Médicis qui a deux portes qui donnent sur chaque rive du Cher.

Stellen Sie nun in der folgenden Übung fest, ob einfache oder komplexe Inversion stehen muss.

Übung 7: **Faites l'inversion simple ou complexe selon les règles données. Lorsque nécessaire, transformez les phrases affirmatives en formant une interrogation par inversion.**

Et puis, pendant leur excursion, les jeunes Allemands apprennent encore quelques détails de la civilisation française. Le spectacle pour les touristes dans la vallée de la Loire est toujours étonnant pour eux?

1. Que (voir) ces touristes en longeant la berge* de la Loire?
2. De quoi les pêcheurs (s'y amuser)? Bien sûr de pratiquer leur sport favori?
3. Selon les derniers chiffres donnés, le nombre des pêcheurs (augmenter) énormément?
4. Les jeunes (recevoir) aussi un permis pour la pêche de loisir? Mais naturellement, même à un tarif réduit?
5. D'ailleurs, c'est étonnant que les jeunes d'aujourd'hui n'aiment pas tuer les poissons?
6. Quelle méthode intéressante les jeunes (pratiquer)?
7. (Pourquoi) les jeunes pêcheurs préfèrent la pratique du «no-kill»?
8. La pratique consiste à remettre à l'eau le poisson vivant? Evidemment, c'est le principe.
9. Depuis l'ouverture de l'école de pêche et l'instauration de cette méthode l'année dernière, il y a plein de jeunes au bord de la Loire qui exercent ce sport avec plaisir?

la berge – das Ufer

B ▶ Die Inversion im Aussagesatz

Im Gegensatz zum deutschen Satzbau, der vielfältige Möglichkeiten der Wortstellung bietet, ist die Wortstellung im französischen Satz wesentlich strenger geregelt (S-P-O). Trotz alledem sind Abweichungen vom Standardsatzbau möglich, um Teile einer Aussage hervorzuheben. Dabei ist zu beachten, dass unter Umständen mit der Veränderung der Wortstellung auch eine Veränderung der Bedeutung der vorangestellten Wörter verbunden sein kann, was Sie besonders bei Übersetzungen beachten sollten.

Die einfache Inversion

Sie kommt vor allem in folgenden festen Redewendungen vor:

Nombreux sont les gens qui (ceux qui) …
Rares sont les gens qui (ceux qui) …

Darüber hinaus gibt es sehr literarische Wendungen, wie z. B. *Maudite soit l'espérance!*

Die komplexe Inversion

Die folgende Übersicht soll Ihnen zeigen, welche Möglichkeiten der Umstellung noch existieren.

Stehen die folgenden Wörter am Satzanfang, so folgt die komplexe Inversion, wobei sich bei einigen auch die Bedeutung ändert:

Peut-être …	Vielleicht …
Probablement …	Wahrscheinlich …
Sans doute …	Zweifellos …
Aussi …	Deshalb …
Toujours est-il que …	Jedenfalls … / Wie dem auch sei …
Encore …	Allerdings …
(meist: *Encore faut-il …*)	

Zudem kann der Ausdruck

… (me) semble-t-il …	anscheinend

als Modaladverb verwendet werden und steht dann mit Inversion im Satz an der Stelle der Adverbien.

Beispiel: Nos bêtises *ont,* **semble-t-il,** *été* plutôt mal acceptées par monsieur Hasenfuss.

Die Inversion im Nebensatz

Vor allem im **Relativsatz** kann die normale Satzstellung S-P-O aufgehoben werden, um das nachgestellte Subjekt besonders zu betonen:

Beispiele: La crise de nerfs **que provoqua l'excursion scolaire chez notre prof** était difficile à traiter.

Les cinq semaines **que dura sa convalescence** nous n'avons pas eu cours.

Tout d'abord, nous étions heureux de ce fait.

Mais les résultats de nos examens **que nous annonca notre directeur** nous ont bien montré nos bêtises.

Die Umstellung des Subjekts durch das unpersönliche *il*

Das unpersönliche *il* am Satzanfang ist ein Scheinsubjekt, denn das eigentliche Subjekt des Satzes wird ans Ende des Satzes gestellt. Damit wird erreicht, dass es besonders betont wird.

Il + Verb übernimmt die Funktion eines *présentateur,* ähnlich wie *il y a:*

Beispiele: **Il y a eu** un malheur. Oder: **Il s'est passé** un malheur.

Il est venu beaucoup de touristes dans la vallée de la Loire.

Vor allem *exister, rester, apparaître, arriver* etc. werden hier als *présentateurs* eingesetzt, die auf das Subjekt hinweisen.

Bitte beachten Sie:

Das **Verb** nach dem Scheinsubjekt steht dabei **immer** im **Singular!**

Und nun zum Schluss eine gemischte Übung:
Trainieren Sie die Inversion im Aussagesatz in einer kurzen Übersetzung.

Übung 8:   Traduisez.

1. Ist das wahr?
2. Gibt es einen Ort im Loiretal, wo die Müllabfuhr nicht gerne arbeitet?
3. Entfernt man dort wirklich 1200 Kaugummis pro Jahr?
4. Transportiert die Müllabfuhr dort einen ganzen Lastwagen voll Müll pro Tag?
5. Wischen die Reinemachefrauen hunderte von „graffitis" jedes Jahr in den Zimmern weg?
6. Glauben die Touristen nicht, dass das ihr Werk ist?
7. Kennen Sie diesen Ort?
8. Könnte das das Schloss von Blois sein?

C ◢ Die Inversion bei der direkten Rede

Werden in die direkte Rede Sätze eingeschoben oder nachgestellt, wie „sagte er" oder „fragte er", so stehen diese mit Inversion, wie es auch in der deutschen Sprache der Fall ist:

«C'est dans la vallée de la Loire, **a-t-il dit,** qu'on a construit un grand barrage*.»
«Quelles étaient les raisons?» lui **a demandé un touriste.**
                                 (Prädikat   Subjekt)
«On a voulu garantir, **expliqua-t-il,** un niveau d'eau constant de la Loire.»

un barrage – Staudamm, Talsperre

Abschlusstest

Rentrés en Allemagne, les autres élèves veulent tout savoir et n'arrêtent pas de poser des questions.
Maintenant c'est à vous de les leur poser:

1. Le pauvre M. Hasenfuss a retrouvé son groupe (comment?).
2. Il l'avait quitté (pourquoi?).
3. Il n'a pas eu peur que quelqu'un fasse des bêtises.
4. Tout ce que vous avez reçu à manger était très bien.
5. Les histoires des châteaux vous ont plus impressionnés que les excursions en bateau?
6. Le voyage a été effectué par une organisation.
7. Matthias et Christophe sont tombés tout de suite dans leurs lits après être rentrés.
8. Ce n'est pas étonnant du tout.

Die folgenden Grammatikaufgaben im Stile der kontextualisierten Abituraufgaben sollen Ihnen zum Abschluss nun die Möglichkeit geben, das in den vorangegangenen Kapiteln erworbene Wissen auf Abitur-Niveau zu überprüfen. Wie Sie feststellen, werden dazu am Anfang jeder Aufgabe die Arbeitsanweisungen erteilt, die Sie bei der Bearbeitung des entsprechenden Satzes im Text benötigen. Die Nummerierung wird in den Aufgaben weitergeführt und bezieht sich also immer auf den zuvor angegebenen Arbeitsauftrag.

Zahlenangaben am Ende eines Satzes, z. B. bei der Umwandlung eines Aktivsatzes in einen Passivsatz oder der Überführung eines Satzes aus der direkten in die indirekte Rede, beziehen sich auf den jeweils vorhergehenden Satz.

Aufgabe 1

Il faut
(1) mettre l'adjectif démonstratif qui convient
(2) mettre la phrase à la voix passive
(3) mettre le pronom relatif qui convient
(4) remplacer la partie soulignée par une construction équivalente
(5) faire la mise en relief
(6) mettre la phrase au discours indirect
(7) mettre le verbe indiqué à la forme voulue par le contexte
(8) remplacer la partie de la phrase soulignée par un pronom

Le Pont Saint-Bénézet ou Pont d'Avignon

Un certain nombre de sources anciennes relate la construction de _____(1) ouvrage (2) _____(3) la plus précieuse est un manuscrit des archives du Vaucluse, **qui est connu** (4) sous le nom d'«Antique Membrane d'Avignon». C'est un texte des environs de 1300 _____(3) met en forme l'histoire de Bénézet:

En 1177 (5) le jeune enfant Bénézet, originaire du hameau de Villard en Ardèche, entendit la voix de Jésus **qui se manifestait** (4) à lui alors qu'il gardait les brebis de sa mère dans un pré ardèchois. La voix lui dit: «Je veux que tu laisses là les brebis de ta mère, parce que tu dois me faire un pont sur le Rhône.» (6)

«Comment?» répondit l'enfant. «Je n'ai que trois oboles, comment est-ce que je pourrais construire un pont sur le Rhône?»

«_____(avoir)(7) confiance», dit le Seigneur, «je te l'_____(enseigner)(7).»

L'enfant **qui obéissait** (4) à la voix de Jésus quitta son pré et rencontra à quelque distance de là, un ange sous l'aspect d'un pèlerin **qui portait** (4) bâton et besace, **lui disant** (4): «_____(suivre)(7)-moi sans crainte, je te conduirai jusqu'au lieu _____(3) tu dois faire un pont pour Jésus-Christ, et je te montrerai comment tu le feras».

Un batelier était là, Bénézet pria le batelier de le mener sur l'autre rive pour l'amour de Dieu et de la Bienheureuse Marie, mais le passeur était juif et réclama **à Bénézet** (8) trois oboles. Les trois seules oboles qu'il avait, Bénézet donna **ces trois oboles** (8) **au juif** (8) et se retrouva donc en Avignon privé de toutes ressources.

Aufgabe 2 (suite):

Il faut
(1) mettre l'adjectif à la forme voulue par le contexte
(2) mettre le verbe indiqué à la forme voulue par le contexte
(3) remplacer la partie soulignée par une construction équivalente
(4) mettre la phrase au discours indirect
(5) remplacer l'expression soulignée par un pronom
(6) mettre la phrase soulignée à la voix passive
(7) mettre le pronom relatif qui convient

Le Pont Saint-Bénézet ou Pont d'Avignon (suite)

_____(juste)(1) l'évêque était en train de prêcher à son peuple. Bénézet s'approcha, l'interrompit et lui fit part de sa mission: «_____(savoir)(2) que Jésus-Christ m'envoie jusqu'à vous pour que je _____(faire)(2) un pont sur le Rhône.» L'évêque **qui pensait qu'il avait affaire** (3) à un simple d'esprit, le dirigea vers le juge viguier de la ville. **Lorsqu'il l'aborda** (3), Bénézet reprit avec calme le recit des prodiges **l'ayant conduit** (3) en Avignon. L'homme, ébranlé, décida de le mettre à l'épreuve, **et lui dit** (3): «Je te donne-rai une pierre que j'ai dans mon palais, et si tu peux remuer **cette pierre** (5), je te croirai capable de construire ce pont.»(4) Bénézet vint retrouver l'évêque et lui demanda d'assister avec tout le peuple à l'épreuve.

La pierre était énorme, trente hommes n'auraient pu la remuer, mais Bénézet, qu'assistait **le Seigneur** (3), réussit _____(facile)(1) à la porter et à la dé-poser dans le fleuve à l'endroit _____(7) il devait fonder la première arche. Tous les assistants _____(être saisi)(2) d'effroi et d'admira-tion, le viguier baisa les pieds et les mains de Bénézet, **et qualifia** (3) **le gar-çon** (5) de saint, et lui donna 300 sous. Ce jour-là, Bénézet recueillit 5000 sous; alors **on décida la construction du pont**. (6)

(Provence Romane – La Provence rhodanienne, La nuit des temps, Zodiaque, St. Léger 1974. Texte abrégé.)

Aufgabe 3

Il faut
(1) mettre l'adjectif à la forme voulue par le contexte
(2) remplacer les mots soulignés de la phrase par une construction équiva-lente
(3) mettre le verbe à la forme voulue par le contexte
(4) mettre le pronom relatif qui convient
(5) mettre le pronom démonstratif qui convient
(6) mettre le mot qui convient
(7) mettre la phrase à la voix passive
(8) mettre le pronom personnel qui convient
(9) relier la phrase à la précédente

Rêves pour l'an 2000

Tout (récent)(1), Paul Maymont, architecte éminent, a dessiné les plans d'un Paris pour nos arrière-petits-enfants: une sorte de Venise futuriste **qui est remplie** (2) d'espaces verts, où Notre-Dame se mire dans l'eau. (…)

Le sous-sol de Paris, (mauvais)(1) (exploiter)(3) depuis la création du métro, serait enfin utilisé. _____(4) résoudrait magiquement les problèmes de circulation, de pollution et d'espace. (…)

Pour Claude Parent, il faut détruire tout _____(4) n'est pas le Paris _____(4) nous aimons pour ne garder que les immeubles du XVIIe et aussi les Tuileries, Les Champs-Elysées (…). En revanche, le «Paris d'opé-rette», _____(5) des vieux quartiers et des petits immeubles autour de Beaubourg, ne fait que consacrer l'échec d'une ville «qui ne favorise pas les grandes communications et les échanges».

Paris est fait de clans, de mondes clos, (protéger)(3), comme l'île Saint-Louis, **qui est devenue** (2) un ghetto pour milliardaires. «Actuellement, poursuit Claude Parent, on s'amuse; il n'y a pas de doctrine cohérente d'urbanisme et le pouvoir politique n'agit que _____(6) véto. Tout (concevoir)(3) pour faire obstacle aux hommes: carrefours, feux rouges. Cet échec est _____(5) des villes, **qu'on avait construites** (7) à l'horizontale, de même que les villes verticales (périr)(3) par désintégration de la trame urbaine.» (…)

Biro et Fernier, _____(8) imaginent une solution aérienne **qui préserve-rait** (2) Paris. Ils font disparaître la banlieue sous d'immenses satellites (9) faits d'immeubles en X, **qui sont percés** (2) dans leur axe central de routes et de jardins et **qui reposent** (2) sur un sol jamais pollué _____(4) la nature s'épanouirait.

(Extrait de France Huser, Rêves pour l'an 2000, Le Nouvel Observateur, 28-2-77 aus: Klett, Paris. Splendeurs et misères d'une capitale, in: Problèmes d'aujourd'hui, Nr. 16, S. 76/77.)

Aufgabe 4:

Il faut
(1) mettre l'infinitif à la forme voulue par le contexte
(2) remplacer la partie soulignée par le pronom convenable
(3) mettre l'article ou la préposition qui convient
(4) mettre le pronom relatif qui convient
(5) remplacer la partie soulignée par une construction équivalente
(6) mettre l'expression entre parenthèses au superlatif

La Manche – Département de vacances

Vous _____(venir, futur simple)(1) dans la Manche, mais que pensez-vous découvrir? _____(3) beaux paysages, _____(3) villages charmants ou pittoresques, un lieu de séjour pour les vacances? Vous _____(pouvoir, présent)(1) trouver tout cela **dans la Manche** (2). Parfois, votre sensibilité _____(être touché, futur simple)(1) par _____(3) spectacles qui «Parlent à l'âme», comme au Mont-Saint-Michel.

En _____(3) autres occasions, vous _____(avoir, futur simple)(1) la surprise de la découverte de villes vieilles ou neuves ou l'agrément d'une campagne verdoyante. Le département de la Manche _____(paraître, présent)(1) en effet bien nommé. Tout ici vit au rythme de la mer qui a donné son nom **au département** (2) et qui deux fois par jour, couvre et découvre le sable des plages, **et laisse** (5) l'air iodé **qui naît** (5) des varechs.

Le retour à cette terre opulente, pour le temps des vacances, est le moyen de retrouver la vitalité que vous dépensez à la ville toute l'année. Les mamans qui choisissent ces plages de la Manche pour les vacances de leurs enfants savent bien **qu'on y retrouve sa vitalité** (2).

330 km de côtes, _____(4) plus de deux tiers sont de sable fin, _____(4) nettoie la marée, et _____(4) recèlent tant de plaisirs, font de ce département _____(beau)(6) province maritime de l'Ouest. Oui, vous viendrez dans la Manche, dans la nature que vous aimeriez. Et vous _____(faire, futur simple)(1) comme le font tous les estivants, vous reviendrez fidèlement **dans la région** (2) chaque année.

Aufgabe 5:

Ecrivez le texte en entier et modifiez-le selon les indications données!

Il faut
(1) mettre le mot qui convient
(2) mettre le pronom qui convient
(3) mettre la phrase à la voix passive
(4) mettre le superlatif
(5) remplacer la partie soulignée de la phrase par une construction équivalente
(6) mettre le verbe à la forme voulue par le contexte
(7) remplacer les mots soulignés par le pronom qui convient
(8) refaire la phrase en formant une interrogation par inversion

L'ombre du général de Gaulle

«Il est encore plus grand qu'on ne le pense, écrit Emmanuel d'Astier, après sa première rencontre, _____(1) 1942 à Londres, avec le général de Gaulle. Il a les gestes lents et lourds comme son nez. Un corps _____(2) la charpente est indécise porte la tête petite, le visage cireux. (3) Son geste _____(coutumier)(4) consiste à lever les avant-bras **qui gardent** (5) les coudes du corps. Alors, ses mains inertes, au bout de ses bras et _____(attacher)(6) à des poignets grêles, très blanches, un peu féminines et avec les paumes _____(1) dessus, semblent soulever un monde de fardeaux abstraits. (…) Il n'aime pas les hommes: il aime _____(2) histoire, surtout **l'histoire** (7) de la France …» Qu'est-ce qui reste du général de Gaulle, vingt-cinq ans après sa mort? (8) Le Franc? Une Constitution? Une Europe de querelles et de nations? Devrions-nous encore écouter le prophète? (3) Où sont ses héritiers, qui sont ses adversaires?

(D'après «L'Express», 2/11/95, page 27)

Aufgabe 6:

Il faut
(1) faire la mise en relief de la partie soulignée de la phrase
(2) mettre le mot qui convient
(3) mettre le pronom relatif qui convient
(4) remplacer les mots soulignés par un pronom démonstratif, un pronom objet ou un pronom adverbial
(5) remplacer la partie soulignée de la phrase par une construction équivalente
(6) mettre le mot entre parenthèses à la forme voulue par le contexte
(7) mettre la phrase à la voix passive
(8) refaire la question sans employer *est-ce que*

Beaumarchais – le génial touche-à-tout (Tausendsassa)

A Paris, en 1732 (1), naît Beaumarchais, de son vrai nom Pierre Auguste Caron. Rien ne laisse supposer qu'il deviendra l'éminence grise et l'agent secret de Louis XVI lors de la guerre d'indépendance américaine, ni qu'il écrira deux chefs-d'œuvre du théâtre du 18e siècle.

A ses débuts _____(2) horloger, Beaumarchais invente un mécanisme révolutionnaire pour régulariser le mouvement des montres. Plus tard, il améliore la harpe et devient professeur de musique des filles du roi. Désormais, ce roturier est un familier de la cour. En 1756, il se marie avec la veuve de Monsieur Franquet _____(3) il a acheté la charge, obtient encore **la charge** (4) de secrétaire du roi et aura ainsi le droit de porter le nom à particule «de Beaumarchais». A 31 ans, il réussit enfin à faire partie des grands de ce monde.

Il se rend célèbre à l'occasion d'un procès sur un héritage **quand il prouve** (5) la vénalité du magistrat Göezman et la corruption du tribunal. Il exprime alors les revendications _____(2) une bourgeoisie riche et cultivée _____(3) veut avoir son mot à dire. En 1774, le roi l'envoie en Angleterre récupérer un document _____ (compromettre) (6). Beaumarchais se tire avec succès de _____(4) mission d'espionnage. **A Londres** (1), il rencontre les partisans de l'indépendance américaine. _____(2) retour à Paris, il parvient à convaincre le roi de soutenir les indépendantistes américains en lutte contre la couronne d'Angleterre. _____(officieux) (6), **on le charge** (7) de livrer des armes **à ces partisans** (4) (...).

En 1780, il investit une fortune pour publier l'œuvre complète de Voltaire encore _____(interdire) (6) en France. Et sa propre pièce, «Le Mariage de Figaro», est enfin jouée après plusieurs années _____(2) interdiction. Mais la Révolution pour _____(3) il avait tant fait, ne l'aimera pas. Est-ce qu'il avait un train de vie trop luxueux? (8) Est-ce qu'il était trop libertin? (8) Des procès contre **Beaumarchais** (4) se succèdent et il devra s'exiler en Allemagne de 1792 à 1794. Il meurt en 1799.

(écoute, 11/96, p. 44 s.)

Lösungen zu den Übungen

Übung 1: (→ S. 16)

1. **apprendre:** j'apprends / j'apprendrai / j'apprendrais / j'apprenais / j'appris / que j'apprenne / j'ai appris / j'aurai appris / j'aurais appris / j'avais appris;

2. **grandir:** il grandit / il grandira / il grandirait / il grandissait / il grandit / qu'il grandisse / il a grandi / il aura grandi / il aurait grandi / il avait grandi;

3. **menacer:** tu menaces / tu menaceras / tu menacerais / tu menaçais / tu menaças / que tu menaces / tu as menacé / tu auras menacé / tu aurais menacé / tu avais menacé;

4. **poursuivre:** ils poursuivent / ils poursuivront / ils poursuivraient / ils poursuivaient / ils poursuivirent / qu'ils poursuivent / ils ont poursuivi / ils auront poursuivi / ils auraient poursuivi / ils avaient poursuivi;

5. **réfléchir:** je réfléchis / je réfléchirai / je réfléchirais / je réfléchissais / je réfléchis / que je réfléchisse / j'ai réfléchi / j'aurai réfléchi / j'aurais réfléchi / j'avais réfléchi;

6. **paraître:** nous paraissons / nous paraîtrons / nous paraîtrions / nous paraissions / nous parûmes / que nous paraissions / nous sommes paru(e)s / nous serons paru(e)s / nous serions paru(e)s / nous étions paru(e)s;

7. **courir:** tu cours / tu courras / tu courrais / tu courais / tu courus / que tu coures / tu as couru / tu auras couru / tu aurais couru / tu avais couru;

8. **satisfaire:** il satisfait / il satisfera / il satisferait / il satisfaisait / il satisfit / qu'il satisfasse / il a satisfait / il aura satisfait / il aurait satisfait / il avait satisfait.

Übung 2: Un roman policier (→ S. 19)

1. Une soirée paisible …
était / avait / fumait / préférait / rappelait / avait emprunté / ne l'avait jamais convaincu / tenait / se comporter / pouvait.

2. Le voleur des Van Gogh … (→ S. 20)
suivait / voulait / étaient exposées / avait quitté / après avoir reçu / l'avait prié / il n'y avait personne / avait attendu / était rentré / est arrivé (arriva) / a dérangé

(dérangea) / a fulminé (fulmina) / a crié (cria) / a essayé (essaya) / sont tombés (tombèrent) / ont fait (firent) / ont appelé (appelèrent) / sont venus (vinrent) / sont tombés (tombèrent) / s'empilaient.

3. Une visite nocturne ... (→ S. 20)
a frappé (frappa) / a sursauté (sursauta) / a laissé (laissa) / rempli / Ce n'était pas / s'est levé (se leva) / est allé (alla) / a ouvert (ouvrit) / a vu (vit) / connaissait / C'était / remportait / fabriquait / connaissait / a expliqué (expliqua) / avait reçu / avait ordonné / l'attendait (oder: l'attendrait) / s'était conformé / était parti / avoir fermé (oder: fermer).

4. La découverte ... (→ S. 20)
avait (justement) vu / a rallumé (ralluma) / s'était éteinte / a mis (mit) / sont retournés (retournèrent) / se sont aperçus (s'aperçurent) / était cassée (oder: avait été cassée) / c'était / avait / avait (toujours) enfermé (oder: enfermait) / a constaté (constata) / se confirmaient.

5. Le désespoir ... (→ S. 21)
s'est désespéré (se désespéra) / s'est lamenté (se lamenta) / fais / sommes / n'arriverai jamais / seront (oder: seraient) / participe (participais) / auront (oder: auraient) / c'est / connais / j'applique / se développe (= subj.) / c'est / éclateront (oder: éclateraient) / dis (disais) / possède.

6. A la recherche de la bonne réputation ... (→ S. 21)
était animé / a examiné (examina) / avait été touché / était / avait / pouvait (oder: pourrait) / espéraient / voyaient / essayaient (oder: essayeraient) / s'est posé (se posa) / est arrivé (arriva) / avait / suffirait / a cherché (chercha) / a décroché (décrocha) / a appelé (appela) / étaient étonnés / a invités (invita).

7. L'erreur du voleur ... (→ S. 21)
était assemblée / a mis (mit) / n'a bougé (ne bougea) / a informés (informa) / avait commis / n'avait pas / n'avait pas résisté / avait gardée / était / contenait / avait fait / a ajouté (ajouta) / susciteront / aient.

8. L'aveu ... (→ S. 22)
a sursauté (sursauta) / a poussé (poussa) / regardez / vienne / mourrai / s'est répandu (se répandit) / ont baissé (baissèrent) / a décroché (décrocha) / a composé (composa) / s'est retourné (se retourna) / l'a mesuré (le mesura) / a entendu (entendit) / a bourré (bourra) / s'est adressé (s'adressa) / regardez / m'a montré / m'a donné / justifie / s'enorgueillira / raconterai / abandonne / est rentré (rentra) / avait.

ACCORD DU PARTICIPE PASSÉ

2

Einstiegstest (→ S. 23)

a raconté / étonnée / a appelé / a remercié / avait préservé / pu / eue / vues / avaient impressionnée / prises / avait raconté / aurait pu / avait … amusée / était … ennuyée / avait lu.

a cru / avait … exclu / être acceptés / s'était décidée / vécues / se sont laissés / s'en sont souvenus.

Übung 1: (→ S. 24)

Les heures intéressantes que nous avons passées nous ont donné …
Combien de tonnes de pommes avait-on prises …
M. Pommérie a préféré … qu'on a toujours connue …
La directrice que M. Pommérie a vue … une grande vieille dame qui a bien appris son métier.

Übung 2: (→ S. 25)

a fait / occupée / a cru / interrogés / a dû faire / pu / imaginées

Übung 3: (→ S. 26)

souri / aperçus / garée / allé / réjouis / donnés / vus / hâtés / fâchés / perdu

Abschlusstest (→ S. 27)

reçu / posé / freiné / arrêtée / descendu / embrassé / proposé / pensé / inachevé / remercié / fait / volé / disparus / répondu / aidé / enfermé / cherché / ficelés.

SUBJONCTIF

3

Einstiegstest (→ S. 28)

… Mes parents ne veulent pas que je **fasse** … / Ils exigent que j'**aille** … / Ils disent que je **dois** / … que nous **travaillions** … / Il est temps que nous **recevions** … / … avant qu'il **soit** trop tard et nos parents nous **énervent** trop.

Mon père ne dit jamais ce qu'il pense de sorte que nous ne **pouvons** pas (tatsächliche Folge, nicht beabsichtigte Folge!) **oder:** … de sorte que nous ne **puissions** pas (beabsichtigte, keine tatsächliche Folge!) parler avec lui. Notre mère trouve dommage que ses filles n'**obéissent** pas à leurs parents. On ne peut pas discuter avec elle sans qu'elle **veuille** arriver à ses fins.

… nous quitterons la maison jusqu'à ce que nous **ayons** trouvé une solution. Est-ce que nous sommes les seuls jeunes de 18 ans qui **aient** ces problèmes-là? J'espère que vous les **résoudrez** quand vous aurez 18 ans.

Übung 1: (→ S. 30)

que je regarde	que j'attende	que je finisse
que j'aime	que je descende	que je connaisse

Übung 2: (→ S. 31)

que je voie	que je plaise	que je suive
que tu voies	que tu plaises	que tu suives
qu'il voie	qu'il plaise	qu'il suive
que nous voyions	que nous plaisions	que nous suivions
que vous voyiez	que vous plaisiez	que vous suiviez
qu'ils voient	qu'ils plaisent	qu'ils suivent

que je meuve	que je conclue	que je résolve
que tu meuves	que tu conclues	que tu résolves
qu'il meuve	qu'il conclue	qu'il résolve
que nous mouvions	que nous concluions	que nous résolvions
que vous mouviez	que vous concluiez	que vous résolviez
qu'ils meuvent	qu'ils concluent	qu'ils résolvent

SUBJONCTIF

que je nettoie	que j'acquière
que tu nettoies	que tu acquières
qu'il nettoie	qu'il acquière
que nous nettoyions	que nous acquérions
que vous nettoyiez	que vous acquériez
qu'ils nettoient	qu'ils acquièrent

Übung 3: (→ S. 33)

Barbara:	Il faut que nous amenions …
Christophe:	…, il faut surtout qu'on mette …
Dagmar:	…, il faut que nous prenions …
Martine:	…, mais il faut d'abord que tout le monde soit …
Melanie:	Il faut de toute façon qu'on parte …
Annette:	Alors, il faut absolument qu'on s'en aille.
Matthias:	Oui, il ne faut pas que nos parents nous retiennent …

Übung 4: (→ S. 35)

Kerstin:	Je veux qu'on ne revienne plus jamais …
Steffi:	J'aimerais mieux que ce bateau ne bouge plus …
Matthias:	Vous désirez que nous commencions …
Stella:	…, on veut que tu fasses …
Anja:	…, permettez que nous jouissions …
Sonja:	…, souhaitez-vous aussi que nos profs puissent …
Anja:	Je préfère qu'ils ne sachent pas …
Martine:	J'interdis qu'on parle …
Christophe:	J'attends que vous ne gâchiez pas …
Annette:	Et moi, je demande que vous vous arrêtiez …
Melanie:	…, notre projet ici exige de nous que nous réussissions …

Übung 5: (→ S. 36)

… Elle lui annonce que leurs parents, …, **sont** en train de repartir et dit à Gabrielle:

«Mon mari m'a demandé que je t'**appelle**. … ne **voient** plus très bien; et ils se plaignent que monter les escaliers par exemple les **fatigue**. J'espère qu'ils **rentreront** bien. Ici, …, il neige beaucoup. … Souvent, je regrette qu'ils **soient** déjà si vieux, … on ne peut pas douter qu'ils **s'amusent** quand même.

Je ne crois pas qu'ils en **aient** seulement discuté, de rentrer à la maison. Penses-tu que ces deux-là **puissent** faire des bêtises? J'ai peur que la police nous **annonce** encore une fois qu'ils **ont emprunté** une grosse moto BMW

… et **ont participé** au tour de France. … tous les cyclistes du tour **se sont plaints** que mémé et pépé **aient** mis en désordre la compétition …

J'adore que nos parents **soient** toujours actifs. … je demande seulement que tu me **tiennes** au courant même si tu comprends que je ne **puisse** rien faire.»

Übung 6: (→ S. 37)

… elle s'étonne qu'ils n'**arrivent** (= subj.) pas (oder: ne **soient** pas **arrivés**). Dix jours plus tard, elle regrette qu'ils n'**aient** pas passé au moins un coup de téléphone, puis elle ne supporte plus qu'on la **fasse** attendre. Elle informe sa sœur que leurs parents n'**ont** pas donné signe de vie et appelle la police. …

G.: Je regrette, monsieur, que ma sœur et moi, nous **devions** vous déranger …

A.: Il faut d'abord que vous me **donniez** des informations plus exactes. Je vous propose qu'on **se réunisse** … et qu'on **dresse** un plan de bataille …

G.: Je redoute beaucoup qu'ils **aient** eu un accident, monsieur, mais j'avoue aussi que nous **craignons** qu'ils **se soient rendus** aux Etats-Unis pour essayer de participer …

Übung 7: (→ S. 38)

1. Je suis content que nous ayons …
2. Et moi, je suis étonné que vous travailliez …
3. Moi, je suis malheureuse que tu veuilles …
4. Arrêtez donc, je suis très triste que vous sachiez …
5. Ne sois pas fâché que tu commettes …
6. Quand même, je suis gêné que tu résolves …
7. Eh bien, mes amis, je suis ravi que vous paraissiez …
8. Mon cher, je suis charmé qu'il y ait …
9. …, je suis stupéfaite que notre bateau suive …

Übung 8: (→ S. 40)

1. C'est une chance que les pèlerins au Moyen Age aient trouvé …
2. Et c'est une chose curieuse que l'industrie hôtelière et le commerce (…) datent (= subj.) …
3. Mais c'est une honte qu'il y ait eu …
4. C'est un fait remarquable que les nobles puissent (aient pu) … et s'enfuient (se soient enfuis) …
5. C'est une chose ennuyeuse que la transformation de l'abbaye en prison contribue / ait contribué …

6. Aujourd'hui, c'est un malheur que les marées ne fonctionnent (= subj.) plus et c'est vraiment dommage que le Mont-St-Michel ne soit plus entouré …
7. Mon désir est que les visites guidées s'effectuent (= subj.) …
8. Mon souhait est que tu te taises …
9. La peur que je doive vivre …
10. Alors, mes copains, c'est une chance qu'il faille continuer …

Übung 9: (→ S. 41)
M: Il est évident que de nombreux hommes politiques … ne méritent (= indic.) pas …
D: …, il est impossible qu'on reçoive … et qu'on ne fasse rien …
M: … C'est toujours à minuit, me semble-t-il qu'il y a …
D: … il vaut mieux qu'on retourne (= subj.) … / … Il paraît peu vraisemblable que les prix se stabilisent (= indic.).
M: Il vaudrait mieux que nous nous adaptions … / … et mon mari m'a dit l'autre jour que je deviens vieille.
D: …, il est grand temps que vous remplaciez …

Übung 10: (→ S. 42)
1. Je suis d'avis qu'on prévienne …
2. Non, il n'est absolument pas sûr qu'elle soit d'accord.
3. Il est tout à fait certain qu'elle refusera …
4. Mais il est compréhensible qu'elle réagisse …
5. Il serait même naturel qu'elle nous flanque (= subj.) …
6. Je désirerais qu'elle nous le permette.
7. Tu exiges que nous discutions sans elle.
8. Je m'étonne que tu me poses …
9. Il vaudrait mieux que nous la persuadions …
10. …, il n'y a aucun doute qu'elle nous demande si nous sommes fous.

Übung 11: (→ S. 42)
B: Je suis d'avis que ce sont …
St.: Oui, il est compréhensible que tu arrives … / je suis contente que nous ayons eu …
K: Je trouve que vous avez raison, et je trouve bien que nous nous entendions …

A: J'admets* que nous ayons couru un risque indéniable, mais maintenant il faut qu'on admette que le voyage se déroule (= indic.) tranquillement.

St: Imaginez-vous que chacun veuille le contraire de ce que l'autre souhaite (= indic.)

A: Je suis d'avis qu'on n'y pense (= subj. in der Bedeutung von „vorschlagen") pas …

B: Oui, j'ai l'impression qu'il faut retourner …

A: Je suis presque persuadée que nous avons acheté …

K: Il est préférable que les armoires et le frigo du bateau soient …

St: Et il est indispensable que tu relises …

B: … j'ordonne maintenant qu'on se dépêche (= subj.)!

* *admettre* kann auch die Bedeutung „zugeben" haben, dann mit indic.

Übung 12: (→ S. 44)
- ☐ Vive la mer!
- ☐ Vive la France!
- ☐ Que personne ne quitte …
- ☐ Que personne ne tombe …
- ☐ Honni soit qui …
- ☐ Que le diable emporte …
- ☐ Maman, que tu viennes …
- ☐ Que tous les goguelins nous protègent!
- ☐ Que mon estomac se taise, …
- ☐ Que Paul Bocuse ne vienne pas …
- ☐ Qu'on me donne …
- ☐ Advienne que pourra, …

Übung 13: (→ S. 47)
1. Malgré que nous ayons navigué …
2. Ce n'est pas que je veux …
3. … sous prétexte que le soleil se couche (= indic.) …
4. … étant donné que le soleil est …
5. … depuis que nous sommes partis.
6. Au lieu que vous reconnaissiez …
7. … quoique j'admette que cela n'est pas drôle …
8. Si compétente qu'elle soit …
9. … de peur de devoir manger …

Übung 14: (→ S. 48)

1. … pour sauver …
2. … que je ne pouvais pas …
3. … afin qu'il s'en remplisse … qui me poursuivaient.
4. … jusqu'à ce que vous m'ayez réveillée.
5. … que nous revoyions …

Übung 15: (→ S. 49)

1. Il y a beaucoup de gens qui traversent (= indic.) l'Atlantique, mais il y en a peu qui survivent (= subj.).
2. … qui réussisse …
3. … que je connaisse.
4. C'est moi qui ai gagné …
5. … que j'aie entendue …

Abschlusstest (→ S. 50)

… qu'on se retrouve (= indic.) …
A supposer que cela vous plaise.
… que le charme de cette île tienne …
Il est normal que ça sente …
… ne vous surprenne pas.
… témoignent que les habitants proviennent …
… que … se sont mélangés …
Que la réalité ne soit pas …
… que les problèmes … se tiennent …
… que j'aie passées …
… que le monde devait être …

4

Einstiegstest (→ S. 51)

○ Je ne lis pas de romans policiers.
○ Je ne les lis nulle part.
○ Je n'ai jamais de livre dans ma poche.
○ Je n'aime pas les journaux à scandales.
○ Je n'achète jamais de bouquins.
○ J'offre toujours un livre à quelqu'un. ○ Je n'offre jamais de livre à personne.

○ Tout le monde pense toujours à des livres. ○ Personne n'a jamais pensé aux livres.

○ Mon livre préféré n'a pas encore été écrit.

Übung 1: (→ S. 53)

1. a) … ne refusent pas de participer … b) … refusent de ne pas participer
2. Ils ne veulent pas rater …
3. Patricia Kaas ne tarderait jamais …
4. … ne risque jamais d'ennuyer …
5. Il n'oubliera guère de …
6. Les élèves ne manqueront jamais le …
7. On n'y jouera pas …
8. a) … ne promettront guère … b) … promettront de ne pas rester …
9. … on ne passera pas … qui n'est pas bien.

Übung 2: (→ S. 54)

1. Stefanie n'a jamais voulu avoir le livre du petit Prince.
2. Sa tante ne le lui a pas offert.
3. Stefanie n'a jamais reçu d'exemplaire gratuit.
4. …, elle n'a pas trouvé la cassette vidéo.
5. Son prof de littérature n'a pas regretté le fait de ne pas pouvoir l'aider.
6. …, on n'avait jamais acheté le livre et on n'avait jamais payé les 70 francs

7. Mais les lecteurs ne demandaient plus de livres …
8. Il n'y en a pas beaucoup.

Übung 3: (→ S. 55)
1. Ce fantôme n'est pas un véritable fantôme.
2. Ce n'est pas un jeune homme qui vit … oder: C'est un jeune homme qui ne vit pas …
3. Un jour, il n'entend plus les chanteurs de l'Opéra.
4. Il ne s'empêche pas d'écouter …
5. Il ne peut guère l'ignorer.
6. Ce n'est pas un sentiment fugace qui se développe.
7. Le fantôme ne décide pas de la laisser tranquille. Oder: Le fantôme décide de ne pas la laisser tranquille.
8. Elle ne pourra plus fuir les rencontres.
9. …, elle **ne fera rien d'autre** que de chanter sous sa direction.

Übung 4: (→ S. 57)
1. Personne ne savait que le fantôme …
2. Et on n'avait rien remarqué d'extraordinaire.
3. Aucun spectateur n'a plus entendu chanter le fantôme …
4. Ce n'était rien d'amusant.
5. Tout le monde / Quelqu'un avait voulu l'accepter.
6. Personne n'aurait pu l'aider.

Übung 5: (→ S. 58)
1. Je propose de ne plus aller à H. …
2. …, je ne veux pas voir …
3. Il n'y a personne qui …
4. Aucun élève ne te suit !
5. Jamais je ne suis allé …
6. Aucun film moderne ne pourrait être …
7. Moi, je n'ai jamais les meilleures idées …

Übung 6: (→ S. 59)
1. Haben Sie je(mals) den kleinen Mann im Mond gesehen? Nein?
2. Ich auch nicht.
3. Das wird dir nie jemand glauben.
4. Warum? Nie hat jemand mit ihm gesprochen.
5. Ich habe nie etwas anderes gesagt.
6. Ich behaupte nur, dass er existiert, obwohl ich ihn nie gesehen habe.

7. Er besitzt dort sicher einen Laden für Sauerstoffflaschen.
8. Oh, oh!

Abschlusstest (→ S. 61)

1. …
○ Je ne les aime pas du tout.
○ Je ne les aime plus.
○ Je n'en ai encore jamais mangé.
2. …
○ Je ne crois guère aux ovnis.
○ Je ne connais personne qui y croit.
○ Je n'ai aucune idée de ce que c'est.
3. …
○ Je ne le fais jamais.
○ 5 fois par jour, cela ne suffit pas.
4. …
○ Je ne ronfle jamais.
○ Jamais personne ne me croira à ce sujet.
○ Ma femme ne m'a encore rien dit.
○ C'est pour cette raison que je passe mes vacances dans des forêts à déboiser.

BEDINGUNGS-SÄTZE

5

Einstiegstest (→ S. 62)

vous êtes / qui vous montrent / que vous vouliez / ce que vous cherchez / à moins que vous ne préfériez / Que vous aimiez (vorangestellter que-Satz!) / si vous préférez (préfériez) / nous ferons (ferions) / à condition de ne pas en acheter / Au cas où il pleuvrait / nous vous proposons (proposerions) / s'il y a (avait) / on pourra (pourrait) / si vous avez (aviez) envie / on vous emmènera (emmènerait) / si on avait rencontré / nous nous serions amusées / on aurait

● BEDINGUNGSSÄTZE

fait / si on avait eu / Pourvu que nos parents aient été / nous aurions pu essayer / si … l'avaient bien voulu / Même si on a attrapé /

Übung 1: (→ S. 65)
1. Pour le cas où les jeunes gens s'amuseraient tout seuls, leurs parents …
2. …, pourvu qu'ils lisent (= subj.) leur guide vert.
3. A supposer qu'ils s'y rendent (= subj.), ils …
4. …, excepté si on était malade et qu'on ne pouvait pas travailler.
5. …, à moins qu'on ne veuille visiter …
6. Supposé que le visiteur ait l'œil …
7. En cas de mauvais temps, on peut admirer tranquillement les dessins …
8. … Sauf si trop de visiteurs troublent l'atmosphère paisible.

Übung 2: (→ S. 67)
1. Si vous voulez … / … vous pourrez …
2. si je peux … / je vous recommanderai …
3. si vous aimez … / … comblera …
4. Cette exposition vous présentera … / si cela vous intéresse.
5. Si on s'enthousiasme … / on pourra …
6. si on m'interroge … / je vous enverrai …

Übung 3: (→ S. 68)
1. S'il fait beau, nous irons à la plage …
2. Si nous allons …, nous rencontrerons C.S.
3. Si nous rencontrons C.S., tout le monde essayera d'obtenir …
4. Si tout le monde essaye d'obtenir…, je ne le ferai pas et je me retirerai …
5. Si je ne le fais pas et je me retire …, elle m'invitera à manger …
6. Si elle m'invite …, j'irai chez elle avec plaisir.
7. Si je vais chez elle avec plaisir, elle m'offrira son plat préféré.
8. Si elle m'offre son plat préféré, j'aurai un grand problème …

Übung 4: (→ S. 69)
1. S'il faisait beau, nous irions à la plage
2. Si nous allions à la plage de Cannes, nous rencontrerions C.S.
3. Si nous rencontrions C.S., je la prierais de me donner …
4. Si je la priais …, elle me regarderait …
5. Si elle me regardait …, elle aurait immédiatement …
6. Si elle avait …, je la demanderais en mariage.
7. Si je la demandais en mariage, elle accepterait, …

5

Übung 5: (→ S. 70)

1. a) Si on va / nous allons à Antibes, on verra / nous verrons l'un des grands centres européens de production industrielle de fleurs.
   b) Si on allait / nous allions …, on verrait / nous verrions …

2. a) Si on fait / nous faisons une visite guidée du château d'Antibes, le guide nous racontera que, en 1946, le célèbre peintre Picasso a commencé à travailler ici.
   b) Si on faisait / nous faisions …, le guide nous raconterait …

3. a) Mesdames, ajoute Michel en souriant, nous ferons quelque chose pour notre éducation, si nous suivons non seulement les traces des Romains, mais aussi celles de l'art moderne.
   b) … on ferait / nous ferions …, si nous suivions

4. a) D'accord; si on va / nous allons à la discothèque ce soir, on vous accompagnera / nous vous accompagnerons à Antibes.
   b) Peut-être; si on allait / nous allions à la discothèque …, on vous accompagnerait / nous vous accompagnerions bien à Antibes.

Übung 6: (→ S. 71)

Mme Lacondition: Si les garçons et les filles ne sont pas encore rentrés, ce n'a pas encore été grave.

Mme Sätzli: S'ils n'ont pas téléphoné, c'est parce qu'ils n'y ont pas pensé.

M. Lacondition: Si on n'a rien entendu, c'est que rien ne s'est passé.

M. Sätzli: Et si nous n'avons pas été informés de leurs bêtises, ils n'en ont pas fait.

Übung 7: (→ S. 72)

1. Si j'avais été … / je serais tombée … et je serais devenue

2. Si tu avais été … / tu aurais perdu … / Et si tu avais appris … / tu aurais su … / Par contre, si tu t'étais engagée … / tu aurais pu devenir …

3. Oui, mais il m'aurait seulement acceptée, si mes parents avaient appartenu à … / Et si cela avait été … / j'aurais préféré devenir … / j'aurais eu

4. …, si Charles avait vu … / il m'aurait accordé …

5. Si on était nées … / on n'aurait jamais pu passer …

Übung 8: (→ S. 74)

1. Si la belle Roxane et Cyrano … ont admiré …, Sabine et Brigitte imiteront …
2. Si Cyrano n'a pas avoué son amour à Roxane, je trouve qu'il se comporte vraiment …
3. Et si, effectivement, le pauvre Christian est resté un amant sans fortune, personne ne peut plus l'aider.
4. Si Cyrano a eu peur de déplaire à R., je le comprends entièrement …

Übung 9: (→ S. 75)

1. Si vous ne vous étiez pas moqués … / nous pourrions en parler sérieusement.
2. Il vous resterait une impression … / si vous aviez fait …
3. Puis, si vous aviez dirigé votre attention … / vous pourriez être plus charmants …
4. … Si les garçons n'avaient pas manqué de savoir-vivre et n'avaient pas pleuré à force de rire, je saurais …

Abschlusstest (→ S. 76)

nous nous serions rencontrés / nous aurions pu visiter / trempe (= présent) / on veut / faut/faudra / qu'on y aille / soient arrivés / n'y sont pas / nous aurons / vous vous intéressez / nous goûterons / ferons / envisagiez (= subj.) / vous confier / vous nous promettiez (= indic.) / refuserions / vous nous invitez / nous accepterons

6

Einstiegstest (→ S. 77)

1. Annette nous écrit que, **ce jour-là, elle trouve** le temps de **nous** écrire une longue lettre. On **est venu la** chercher à la gare, et on **lui a fait** visiter Strasbourg, la capitale de l'Alsace. **Là, elle** ne **voit** plus d'embouteillages, alors qu'on s'y **attendrait**: elle a remarqué qu'on **est** en train d'éliminer

les bouchons et la pollution au profit d'une ville propre et humaine. Sa famille française **lui a expliqué** que la solution **sera** le tramway circulant dans le centre.

2. Annette nous a écrit que **c'était** le maire de la ville, Madame Catherine Trautmann, qui **avait lancé** la construction du tramway, fatiguée des voitures qui **dérangent** habitants et touristes. A l'avenir, il **faudrait** que tout le monde **puisse** flâner tranquillement dans le centre sans tomber malade. Les années **précédentes,** presque trois quarts des transports privés **s'effectuaient** en voiture et l'ampleur de la pollution **devenait** effrayante. La réorganisation de la circulation **lui permettrait** de faire des courses avec **sa** petite Sophie à la place Kléber, au centre-ville, sans qu'**elle doive** avoir peur qu'une automobile **l'écrase** (= subj.).

Übung 1: (→ S. 79)
Mireille dit à Matthieu

1. … qu'Annette les a priés de faire leurs devoirs.
2. … qu'ensuite elle veut qu'on lui montre le Munster.
3. … que, ce soir(-là), ils prendront leurs vélos et qu'ils iront dans un restaurant …
4. … qu'Annette aimera bien sûr manger un bon «kougelhopf», mais qu'elle (= Mireille) préférerait les «Flammeküeche» alsaciens.
5. … qu'on aurait aussi pu réserver une table dans le café-restaurant «D'Choucrouterie» où le maître Roger Siffer, …, les aurait accueillis …

Übung 2: (→ S. 80)
Sophie crie

1. … qu'elle ne l'agace pas.
2. … qu'elle ne lui fasse pas d'infusion de camomille.
3. … qu'elle lui permette encore un coca.
4. … qu'elle lui raconte une histoire avant d'aller au lit.
5. … qu'elle ne lui fasse pas la morale.
6. … qu'elle se taise, sinon elle (= Sophie) s'énerve.
7. … qu'elle la laisse crier.

Übung 3: (→ S. 82)
Mireille a raconté a Annette …

1. … que, très vite, on avait appelé le parc naturel «La Petite Camargue alsacienne».
2. … que c'était le Rhin qui inondait régulièrement ces terrains et qui y avait créé un paysage de marais.

3. … que la construction du Grand Canal d'Alsace en 1840 avait bien vite menacé la nature.

4. … que, heureusement, le petit monde intact, qui aurait dû disparaître, avait pu être sauvé.

5. … que c'étaient les Alsaciens qui avaient pris conscience de la valeur de leur nature.

6. … qu'ainsi, en 1982, on avait fondé la première réserve naturelle d'Alsace, que les responsables avaient bien protégée.

7. … qu' aujourd'hui, on y trouvait un grand nombre d'oiseaux rares et que les animaux se multiplieraient dans les années suivantes.

8. … que, si elle (= Annette) voulait, ils feraient une petite excursion en vélo dans le parc naturel où elle (= Mireille) lui montrerait ce magnifique biotope avec sa flore et sa faune.

9. … qu'elle (= Annette) pourrait voir l'un des plus beaux paysages d'Europe et un coin du monde presque inconnu.

Übung 4: (→ S. 83)
Dans le journal, on a informé les lecteurs que le Président de la République Française **avait salué** toutes les filles au-pair et leur **avait conseillé** de profiter au maximum du séjour en France. Monsieur Chirac **leur avait souhaité** de bien s'intégrer dans leurs familles, il **avait espéré** que les jeunes filles étrangères pourraient faire la connaissance de leur région d'accueil et qu'elles auraient la chance de bien apprendre la langue française …

A la fin de son discours, le Président **avait remercié** les familles françaises pour leur hospitalité et les avait invitées à la XXe Fête Nationale des Filles Au-pair, le 30 juillet à Versailles.

Übung 5: (→ S. 84)
Annette **dit** à Sophie que …

1. … qu'elle (= Annette) **veut** qu'elle (= Sophie) **laisse** le pauvre ver de terre tranquille.

2. … qu'elle (= Sophie) **fasse** attention qu'elle (= Sophie) ne **se mouille** pas les pieds.

3. … qu'elle (= Sophie) ne **fasse** pas de bêtises … qu'il est compréhensible qu'elle (= Sophie) **aime** embêter les pauvres pigeons, mais qu'il ne leur **plaira** pas qu'elle (= Sophie) leur **arrache** les plumes.

Annette **a dit** à Sophie …

1. … qu'elle **voulait** qu'elle **laisse** le pauvre ver de terre tranquille.

2. … qu'elle **fasse** attention qu'elle ne se **mouille** pas les pieds.

3. … qu'elle ne **fasse** pas de bêtises … qu'il **était** compréhensible qu'elle **aime** embêter les pauvres pigeons, mais qu'il ne leur plair**ait** pas qu'elle leur **arrache** les plumes.

Übung 6: (→ S. 85)

1. Madame Trautmann leur a expliqué que Strasbourg **était** devenue la capitale de l'Europe parce que la ville **avait** subi une longue histoire de conflits et que, maintenant, elle **était** le symbole de paix en Europe.
2. Elle a affirmé que, après que les membres **aient** (besser: eussent) pris leur décision, Strasbourg **avait** accueilli le Parlement européen, qui y **resterait** bien sûr.
3. Elle leur a fait savoir que tous les habitants **avaient** lutté pour que Bruxelles ne **revendique** pas le droit du siège du Parlement européen.
4. Elle les a informés que, par ailleurs, la position de Strasbourg comme plaque tournante économique et culturelle ne **pourrait** pas être mise en doute.
5. Elle a prétendu que les Allemands et les Français s'y **réunissaient** sans que personne ne **cherche** à y souligner ses particularités nationales.
6. Elle a prié qu'on **contribue** (= subj.) / que nous **contribuions** (= subj.) à ce que cela **reste** (= subj.) un lieu international paisible et que l'union européenne s'y **réalise** (= subj.) à la longue.

Übung 7: (→ S. 86)

Annette a voulu savoir du grand-père de la famille …
1. … ce que c'était une «winstub».
2. … ce que les noms «riesling», «muscat», «edelzwicker» et «gewurztraminer» signifiaient.
3. … qui faisait le meilleur Coq au riesling dans la famille.
4. … de qui il achetait son fromage «Munster fermier».
5. … ce qu'il en pensait d'être Alsacien.
6. … qui représentait le mieux le caractère alsacien, …
7. … à quoi il attachait l'espoir que le dialecte alsacien ne se perde (= subj.) pas.

Übung 8: (→ S. 88)

1. A la question de savoir pourquoi les Alsaciens se sentent déchirés, il est facile de répondre: ils ont toujours vécu entre deux cultures.
2. On réfléchit souvent pour savoir si l'identité alsacienne ne provoque pas de problèmes (besser: On réfléchit souvent à la problématique de l'identité alsacienne).
3. On hésite, se demandant si on peut poser cette question aux gens.

4. La réflexion pour savoir pourquoi tous les conflits historiques sont oubliés aujourd'hui, est évidente: on s'identifie avec sa région, même si l'alsacien comme langue se perd un peu.

Abschlusstest (→ S. 91)

Annette avait dit que, **la veille au soir, elle avait** réfléchi et qu'**elle avait** fait le bilan de son année là-bas, dans **sa** famille française.

Dès le début, **elle avait** toujours eu le sentiment d'être bienvenue. **Ils avaient** fait tout ce qui **était** possible pour **lui** montrer la beauté de **leur** région. En particulier, **elle aimerait** bien revoir les petits villages pittoresques comme Hunspach, Kaysersberg et Mittelberghain. Dans ces endroits, on **avait** le sentiment que le cœur de l'Alsace **battait**. Les gens n'y **étaient** pas stressés, on se **réjouissait** du beau paysage, même si les écolos **disaient** que la destruction de la nature **s'accélérait**! En voyageant, **elle** n'**avait** pas cette impression.

Elle aimerait bien **leur** rendre visite l'année suivante.

Annette avait dit que, s'**ils étaient** d'accord, **elle appellerait ses** parents **ce soir-là**, et qu'**elle** les **prierait** de venir **la** chercher à la gare de Köln. Elle avait ajouté qu'ils ne **disent** (= subj.) rien, qu'**ils** ne **soient** (= subj.) pas tristes qu'**elle parte** (= subj.), sinon on **pleurerait** tous ensemble **le surlendemain** quand **elle partirait**. Enfin, **elle avait** dit grand merci pour tout ce qu'**ils avaient** fait pour **elle**!

OBJEKTPRONOMEN UND PRONOMINAL-ADVERBIEN

7

Einstiegstest (→ S. 92)

Dans les journaux à scandales comme dans les journaux d'informations travaillant sérieusement, il y **en** a toujours. Les reporters **l'**interviewent, ce grand acteur, parce qu'il a tourné trois films en même temps.

Pierre Brice? On s'**y** intéresse. Il **l'**a personnifié, et Winnetou était un personnage impressionnant qui **les** avait toujours défend**ues**.

Ou Georges Simenon? Il **les y** a écrit**s** . Hier, il **y** était, **y** ayant assisté.

Quant à Lagerfeld, Dior, Chanel et compagnie? Ils **leur** ont fait l'honneur de **les y** présenter. Le prix d'entrée: chacun des invitées a payé une somme énorme. Quoi? Vous ne voulez pas **en** dépenser autant à un festival de couleurs? Je **les** comprends.

Prenez alors l'article sur Caroline de Monaco. Elle **l'**a présidé**e**.

Encore un peu plus de «Klatsch»? On ne **le** sait jamais, mais on chuchote que son frère, le prince Albert, **l'y** épouserait.

Übung 1: (→ S. 95)
1. Le chef de réception **l'**a prié de faire attention à Paris.
2. Et il **lui** a donné un guide vert.
3. ..., notre Américain **les** a déjà acheté**s**.
4. Ensuite il **l'**a visité, ...
5. Comme il ne **les** a pas trouvés, il ...
6. A la caisse, il **l'**a cherché.
7. Mais un pickpocket **l'**avait vraiment volé.

Übung 2: (→ S. 96)
1. ..., Little Joe **l'**avait appris**e**: ...
2. ..., on **les** a souvent menacé**s**, ...
3. ..., il faut surtout **les** protéger.
4. Les guides touristiques japonais **leur** ont même recommandé ...
5. Pour **les** avertir,
6. les guides touristiques **les** ont distingué**es**.
7. ...: Ne **les** acceptez jamais! ...
8. Little Joe ne pourra que **les** transmettre quand il ...

Übung 3: (→ S. 97)
1. ..., les meilleurs ingénieurs de France **le lui** ont offert.
2. ..., on **le leur** avait livré.
3. ..., on **le leur** a donné.
4. ... on pouvait **les lui** transmettre.
5. ...: La station «Plaisance» p.ex. **le leur** rappellait.
6. ..., il faut **la leur** expliquer ...
7. Est-ce qu'on **le lui** fera, peut-être plus tard?

Übung 4: (→ S. 98)
1. ..., **s'**adresse **à lui** et **lui** explique qu'Henri de T.-L. **l'**a rendu célèbre ...
2. ... Joe **s'**est intéressé **à lui**.

3. …: il **se l'**était cass**ée** deux fois dans sa jeunesse …
4. «Des amis **m'**ont recommandé **à lui**» **lui** a-t-il dit …
5. Mais T.-L. ne s'**y** est jamais soumis.
6. …, je **me** fie **à elles**» **lui** a-t-il écrit, …

Übung 5: (→ S. 100)
1. Bien sûr, nous l'avons d'abord visitée.
2. …, ils ont pu la voir …
3. …, nous l'avons entendue.
4. Puis nous l'avons envoyé …
5. …, les voyageurs sur le bateau l'ont écouté.
6. Il leur a fait savoir …
7. …, nous les avons entendues sonner.
8. … les ont fait réfléchir sur …
9. …, … qui les transportaient sur la Seine, leur ont fait signe, en leur faisant comprendre qu'on les aime bien.

Übung 6: (→ S. 101)
1. Les amis s'y promènent souvent.
2. Ils font beaucoup attention à eux.
3. Ceux-ci aiment bien leur piquer de l'argent.
4. Alors prenez garde à eux.
5. Quand même, nos ami y pensent aussi.
6. Pour cela, ils s'y intéressent surtout.

Übung 7: (→ S. 103)
1. Vous voulez en voir?
2. Vous les détestez?
3. Vous ne l'aimez pas?
4. N'en faites pas.
5. Il vaut mieux s'y reposer.
6. Vous y en boirez trois au lieu d'une seule, le soir.
7. Vous leur en donnerez beaucoup.
8. Et vous verrez, vous y songerez avec plaisir.

Übung 8: (→ S. 105)
1. Ne le regardez pas ainsi.
2. Maintenant, montrez-les-moi.
3. Donnez-les-moi.
4. Ne **les y** laissez pas traîner.

5. Lavez-vous-les-y.
6. Souvenez-vous-en, mes petits.

Übung 9: (→ S. 105)
1. Faites-m'en.
2. Ne me laissez pas en discuter.
3. Faites-moi penser à lui.
4. Donnez-lui-en.
5. Laissez-nous le lui réserver.

Abschlusstest (→ S. 106)
1. Oui, je l'ai apprise.
2. Oui, je les y ai vues.
3. Oui, j'y en ai acheté.
4. Oui, je l'ai savourée.
5. Oui, on peut se présenter à elles sans invitation.
6. Oui, les clochards s'y adressent vraiment.
7. Oui, il est possible de s'y habituer.

Oui, mais croyez-moi, la vie en rose, on ne l'y trouve pas toujours.
Laissez-moi en parler plus tard.

8

Einstiegstest (→ S. 107)
Vous connaissez Mylady? Une femme **dont** la beauté est surprenante et une espionne **qui** travaille pour le cardinal Richelieu, l'adversaire du roi Louis XIII **qui** avait beaucoup de difficultés politiques à surmonter.
Mylady, **dont** le véritable nom est Madame de Winter, et même celui-ci n'est pas tout à fait sûr, avait été mariée avec un comte de la Fère **dont** la fortune n'était pas très grande. Quelques jours après le mariage **qui** avait eu lieu

dans le sud de la France, le comte de la Fère avait remarqué un grand «V» sur l'épaule de sa femme **ce qui** était le signe pour «voleur». Qu'est-ce qu'il fallait faire?

La déception **avec laquelle** le comte ne voulait pas continuer à vivre sur ses terres, l'a poussé à quitter le sud de la France, **ce qui** n'était pas facile pour lui. A Paris, dans la garde du roi sous le fameux chef M. de Tréville **auquel** il s'est confié il a trouvé une tâche **qui** lui plaisait et quelque chose d'intéressant **dont** on parlait dans le royaume tout entier.

Madame de Winter, par contre, s'est attachée au cardinal**, ce qu'** on ne pouvait pas croire, mais **(ce) qui** était vrai, pour lui servir d'espionne et pour combattre en même temps son ancien mari.

Übung 1: (→ S. 109)

Athos, **qui** est le type d'homme romantique, s'est joint à la garde du roi **qui** est connue pour ses combats acharnés avec la garde du Cardinal Richelieu.

Son ami **qu'** on appelle Porthos est en vérité le Comte du Vallon.

Le troisième compagnon **que** les autres estiment beaucoup, c'est Aramis.

L'amitié des trois mousquetaires **que** les gens admirent beaucoup est la base de leur succès.

Richelieu, **qui** les déteste, essaye toujours de nuire aux mousquetaires parce qu'ils empêchent l'élargissement de son influence et de sa puissance.

Pour cette raison, il hait d'Artagnan **qui** renforce le trio puissant du roi.

M. de Tréville, **qui** est le chef des mousquetaires et **que** Richelieu ne peut pas souffrir non plus, est très content de son «trèfle à quatre feuilles».

Übung 2: (→ S. 110)

Un jour, le cardinal Richelieu, **qui** est le puissant ministre de Louis XIII, a trouvé un moyen de nuire à Anne.

Il a donné un conseil **que** Louis ne pouvait pas écarter à cause de sa propre jalousie: le roi avait offert à la reine douze broches de diamants, **ce que** le cardinal avait vu. **Ce qu'**il savait aussi, c'était le fait que la reine les avait données à son amant. Celui-ci **qui** était reparti pour l'Angleterre (**ce qui** n'était pas bien pratique) n'était pas à joindre.

Comme le roi insistait pour qu'Anne porte les broches le soir du grand bal quelques jours plus tard, **ce qu'**elle ne pouvait absolument pas faire, la reine était dans une situation affreuse.

Il n'y avait pas beaucoup de gens **qui** possédaient la confiance de la reine. Alors elle ne pouvait s'adresser qu'à sa demoiselle d'honneur, Constance Bonacieux, une belle jeune femme **que** d'Artagnan aimait de tout son cœur.

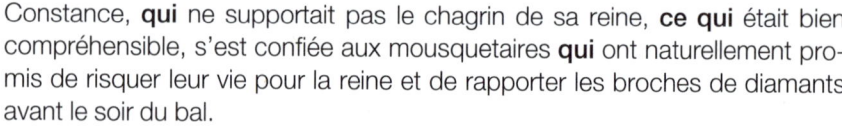

Constance, **qui** ne supportait pas le chagrin de sa reine, **ce qui** était bien compréhensible, s'est confiée aux mousquetaires **qui** ont naturellement promis de risquer leur vie pour la reine et de rapporter les broches de diamants avant le soir du bal.

Übung 3: (→ S. 111)

Les hommes du cardinal, **à cause duquel** les mousquetaires avaient beaucoup de problèmes, faisaient tout pour les attraper. Partout il y avait des espions **en lesquels / en qui** le cardinal avait confiance. On lui livrait tout ce **sans quoi** il n'aurait pas pu poursuivre les mousquetaires. Mais les hommes du roi ne se laissaient pas intimider.

Un jour, quand ils sont arrivés dans un petit village **dans lequel** ils voulaient passer la nuit, ils ont fait la connaissance de Mylady, une comtesse anglaise **avec laquelle / avec qui** ils ont pris le dîner. Après quelques jours, les amis ont constaté qu'il y avait quelque chose **à quoi** il fallait sérieusement s'intéresser: partout où il y avait cette dame, les hommes du cardinal apparaissaient.

Un soupçon **contre lequel** on ne pouvait pas se défendre: Mylady devait être une espionne du cardinal.

Übung 4: (→ S. 113)

Quand les mousquetaires **dont** nous avions déjà parlé sont arrivés en Angleterre ils ont d'abord dû chercher Lord Buckingham. Son valet de chambre savait quelque chose **dont** il ne voulait pas parler. Alors Athos, Aramis et d'Artagnan se sont rendus tout de suite au palais royal à Londres dans la grande salle **duquel** il y avait une soirée officielle.

Les trois amis eurent des difficultés pour trouver Lord Buckingham. Le problème **dont** ils avaient discuté plusieurs fois était de trouver le Lord dans la foule sans être tués par un homme du cardinal.

Enfin une dame **à laquelle / à qui** la demoiselle d'honneur avait décrit la situation délicate des hommes s'est rendue dans une chambre **dans laquelle** Buckingham avait un entretien clandestin. Quand il a appris la mauvaise nouvelle, il est venu dans le couloir avec les broches de diamants **dont** la vieille cassette était bien fermée.

Quelques instants plus tard, un nouveau problème **dont** les mousquetaires s'étaient déjà occupés en arrivant s'est posé. Comment rentrer à Paris à temps? Porthos **à qui / auquel (!)** le valet de chambre de Buckingham avait prêté un bateau à voile très rapide attendait les autres à la côte.

● RELATIVPRONOMEN

De retour en France, les mousquetaires **dont** d'Artagnan était maintenant le plus fort devraient tromper les hommes du cardinal.

Abschlusstest (→ S. 114)

Après quelques jours, les mousquetaires **qui** avaient traversé la Manche et **que** beaucoup de gens avaient aidé sont arrivés dans un petit village **dont** ils ne savaient pas le nom. Un comte **qui** habitait dans la région leur a donné de nouveaux chevaux. **Ce qui** déprimait le plus les mousquetaires, c'était la perte de temps: chaque jour, il y avait des combats au corps à corps avec les hommes du cardinal **qui** voulaient les retenir pourqu'ils n'arrivent pas à temps à Paris. Malheureusement, Athos, Porthos et Aramis, **pour lesquels** d'Artagnan n'avait pu rien faire, étaient blessés. Alors, ils ont bifurqué pour tromper leurs poursuivants.

Avec l'énergie de désespoir, d'Artagnan **qui** était aussi épuisé, est arrivé juste au moment du bal. Mais la reine était déjà partie. Anne, **dont** la demoiselle Constance pleurait, avait été renvoyée par son mari **qui** insistait pour qu'elle porte les broches de diamants et **qui** avait des soupçons terribles.

Désespérée, la reine est retournée dans sa chambre derrière la porte **de laquelle** d'Artagnan attendait. Rien de ce **à quoi** elle avait pensé juste avant ne s'est réalisé: Anne a pu montrer les broches de diamants cinq minutes plus tard à la cour et à son mari étonné **à qui** on a dit:

«Sire, la femme **que** vous avez épousée est vraiment belle. Et les bijoux **que** vous lui avez offerts et **dont** on parle dans tout le royaume sont le complément de sa beauté particulière!»

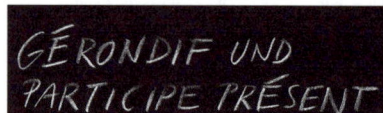

9

Einstiegstest (→ S. 116)

1. Les Romains ayant essayé, ..., nos amies se sont defendues ...
2. Quand elles ont bu la potion ..., elles ...
3. ... en ne chantant pas ....
4. ... n'ayant pas beaucoup de possibilités de s'amuser.
5. Un soir, en mangeant, Astérine dit ...
6. Si je ne bouge pas ...
7. En faisant un voyage, je me ...
8. ... Quand nous ferons ... oder: Si nous faisons la connaissance ...

Übung 1: (→ S. 117)

1. en attendant	8. en manipulant
2. en choisissant	9. en parvenant
3. en construisant	10. en présentant
4. en défendant	11. en réfléchissant
5. en distrayant	12. en surprenant
6. en entendant	13. en voyant
7. en garnissant	14. en voulant

Übung 2: (→ S. 119)

1. En se promenant dans la forêt allemande, A. et O. se plaignent ...
2. ... en faisant de petites pauses.
3. En s'arrêtant ..., Astérine entend ...
4. En arrivant, nous demandons à tout le monde de ...
5. En regardant attentivement les Romains, Obéline demande à Astérine ...
6. En nous demandant gentiment, les Romains ...
7. Et en faisant quelque chose pour leur éducation, nous ...
8. Astérine et Obéline chantent une petite chanson gauloise en rouant de coups leurs ennemis.
9. ... elles s'arrêtent en se félicitant de ce bon travail.

Übung 3: (→ S. 121)

A.: Mais en arrivant à trouver le carré magique juste, nous fêterons notre succès …

O.: Tu pourras m'aider en me donnant …

Übung 4: (→ S. 122)

1. Astérine et Obéline entrent dans plusieurs boutiques en bavardant.
2. En essayant tous les jolis modèles, elles s'amusent bien.
3. En choisissant bien, Obéline trouve une robe qui la fait paraître très mince.
4. Astérine s'achète un chapeau énorme en souriant.

Übung 5: (→ S. 124)

Krautnix: En devenant un état moderne, nous devons …

Rübelix: En comparant la vieille «Schneckenpost» et le TGV gaulois, on remarque de grandes différences.

Krautnix: kein *gérondif* möglich – keine Subjektgleichheit!

Rübelix: Ne protestez pas, mes collègues, … (kein *gérondif* möglich!) Ainsi, en voulant rendre visite à vos amis à la Côte d'Azur, vous aurez une piste assez rapide …

Müslix: kein *gérondif* möglich!

Rübelix: En laissant faire les écologistes, on retournerait à l'âge de pierre!

Übung 6: (→ S. 126)

1. Astérine s'entend très bien avec cette jeune fille parlant le …
2. Après quelques jours à Dresdenum, nos deux Françaises, voulant voir tout ce beau pays, ont continué leur voyage …
3. Elles sont allées à la «Theresienwiese» se trouvant au centre de la ville.
4. *participe présent* nicht möglich, da **qui buvaient** keine Ergänzung bei sich hat.
5. On buvait de la bière ne contenant pas d'alcool.
6. Et il y avait beaucoup de touristes étrangers chantant «Ein Prosit».

Übung 7: (→ S. 127)

1. Keine Partizipialkonstruktion!
2. Keine Partizipialkonstruktion möglich, da keine Subjektgleichheit!
3. Ayant du beau temps à Friedrichshavorum, les deux Françaises sont parties en ballon.
4. Mais malheureusement, les poussant dans la fausse direction, le vent ne les a pas transportées en Suisse, mais à Badum-Badum.

5. Descendant doucement du ciel, ces dames sont arrivées dans le jardin du casino.
6. Keine Partizipialkonstruktion möglich!

Übung 8: (→ S. 128)

1. Comme les amies ont bien réfléchi **et qu**'elles ont décidé de passer par Maincinum, elles ont pris l'«hipporoute» …
2. Elles avaient bien choisi Maincinum, pour qu'elles y sont arrivées à l'époque du carnaval **et qu**'elles voulaient bien sûr s'amuser.
3. Obéline a perdu les clefs de sa maison parce qu'elle n'avait pas bien fermé son sac à main **et qu**'elle n'avait pas fait attention dans la foule …

Abschlusstest (→ S. 130)

- En voyageant à Colonium, Astérine et Obéline lisent un article sur la cathédrale.
- Aimant beaucoup leur propre pays, les deux Françaises décident bientôt de terminer leur tour d'Allemagne.
- Comme les deux femmes ont vu tant de villes allemandes et qu'elles ne se sont pas ennuyées une seule minute, elles se dirigent vers la France.
- A la frontière, elles voient des agents qui dorment.
- Alors elles ne s'étonnent pas de recontrer des Romains s'approchant à pas de loup.
- Comme les Romains n'ont pas rencontré de Gaulois depuis longtemps, ils se sont de nouveau multipliés.
- (2) nur möglich mit absoluter Partizipialkonstruktion:
  Astérine et Obéline se battant joyeusement, les Romains se rendent compte que la vie tranquille en Gaule est terminée.

Einstiegstest: (→ S. 131)

En 1802, un projet révolutionnaire **a été proposé** à Napoléon Bonaparte par un ingénieur français, Mathieu Favier. Depuis longtemps, un tunnel sous la Manche pour relier la France et l'Angleterre **avait été prévu.** Les gens de l'époque **étaient étonnés** par les premiers plans publiés. Mais les rêves de l'ingénieur **sont détruits** complètement par la reprise des hostilités entre les deux pays.

En 1851, l'idée de la réalisation d'un tunnel **sera reprise**. Cette fois-ci, une construction en acier pour les trains en vapeur **a été avancée** par Hector Moreau. Mais des châteaux en Espagne **avaient été faits** par Moreau et beaucoup d'autres scientifiques. Les projets **avaient été fondés** sur une base peu solide: dans les conditions politiques de l'époque, une telle merveille technique ne **pouvait** pas **être réalisée**.

Ce n'est qu'au 20ème siècle que la réalisation de ce chef-d'œuvre technique qui **est appelée** «Eurotunnel» **a été permise** par la coexistence pacifique des pays d'Europe.

Übung 1: (→ S. 134)

Beispiel 1:

présent:	le courrier est distribué	die Post wird verteilt
passé composé:	le courrier a été distribué	die Post ist verteilt worden
passé simple:	le courrier fut distribué	die Post wurde verteilt
imparfait:	le courrier était distribué	die Post wurde verteilt
plus-que-parfait:	le courrier avait été distribué	die Post war verteilt worden
futur I:	le courrier sera distribué	die Post wird verteilt werden
futur II:	le courrier aura été distribué	die Post wird verteilt worden sein
conditionnel I:	le courrier serait distribué	die Post würde verteilt werden
conditionnel II:	le courrier aurait été distribué	die Post wäre verteilt worden
subjonctif:	que le courrier soit distribué	… dass die Post verteilt wird

Beispiel 2:

présent:	je suis suivi(e)	ich werde verfolgt
passé composé:	j'ai été suivi(e)	ich bin verfolgt worden
passé simple:	je fus suivi(e)	ich wurde verfolgt
imparfait:	j'étais suivi(e)	ich wurde verfolgt
plus-que-parfait:	j'avais été suivi(e)	ich war verfolgt worden
futur I:	je serai suivi(e)	ich werde verfolgt werden
futur II:	j'aurai été suivi(e)	ich werde verfolgt worden sein
conditionnel I:	je serais suivi(e)	ich würde verfolgt werden
conditionnel II:	j'aurais été suivi(e)	ich wäre verfolgt worden
subjonctif:	que je sois suivi(e)	… dass ich verfolgt werde

Beispiel 3:

présent:	nous sommes choisi(e)s	wir werden ausgewählt
passé composé:	nous avons été choisi(e)s	wir sind ausgewählt worden
passé simple:	nous fûmes choisi(e)s	wir wurden ausgewählt
imparfait:	nous étions choisi(e)s	wir wurden ausgewählt
plus-que-parfait:	nous avions été choisi(e)s	wir waren ausgewählt worden
futur I:	nous serons choisi(e)s	wir werden ausgewählt werden
futur II:	nous aurons été choisi(e)s	wir werden ausgewählt worden sein
conditionnel I:	nous serions choisi(e)s	wir würden ausgewählt werden
conditionnel II:	nous aurions été choisi(e)s	wir wären ausgewählt worden
subjonctif:	que nous soyons choisi(e)s	… dass wir ausgewählt werden

Beispiel 4:

présent:	les pensées sont exprimées	sie werden ausgedrückt
passé composé:	elles ont été exprimées	sie sind ausgedrückt worden
passé simple:	elles furent exprimées	sie wurden ausgedrückt
imparfait:	elles étaient exprimées	sie wurden ausgedrückt
plus-que-parfait:	elles avaient été exprimées	sie waren ausgedrückt worden
futur I:	elles seront exprimées	sie werden ausgedrückt werden
futur II:	elles auront été exprimées	sie werden ausgedrückt worden sein

conditionnel I:	elles seraient exprimées	sie würden ausgedrückt werden
conditionnel II:	elles auraient été exprimées	sie wären ausgedrückt worden
subjonctif:	qu'elles soient exprimées	… dass sie ausgedrückt werden

Beispiel 5:

présent:	Michel, tu es vu	du wirst gesehen
passé composé:	tu as été vu	du bist gesehen worden
passé simple:	tu fus vu	du wurdest gesehen
imparfait:	tu étais vu	du wurdest gesehen
plus-que-parfait:	tu avais été vu	du warst gesehen worden
futur I:	tu seras vu	du wirst gesehen werden
futur II:	tu auras été vu	du wirst gesehen worden sein
conditionnel I:	tu serais vu	du würdest gesehen werden
conditionnel II:	tu aurais été vu	du wärst gesehen worden
subjonctif:	que tu sois vu	… dass du gesehen wirst

Beispiel 6:

présent:	vous êtes découvert(e)s	ihr werdet entdeckt
passé composé:	vous avez été découvert(e)s	ihr seid entdeckt worden
passé simple:	vous fûtes découvert(e)s	ihr wurdet entdeckt
imparfait:	vous étiez découvert(e)s	ihr wurdet entdeckt
plus-que-parfait:	vous aviez été découvert(e)s	ihr wart entdeckt worden
futur I:	vous serez découvert(e)s	ihr werdet entdeckt werden
futur II:	vous aurez été découvert(e)s	ihr werdet entdeckt worden sein
conditionnel I:	vous seriez découvert(e)s	ihr würdet entdeckt werden
conditionnel II:	vous auriez été découvert(e)s	ihr wärt entdeckt worden
subjonctif:	que vous soyez découvert(e)s	… dass ihr entdeckt werdet

Übung 2: (→ S. 135)

Tout d'abord, les deux pays, la France et l'Angleterre, **ont été rapprochés** par l'Eurotunnel. Mais en même temps, l'attractivité de notre région Nord-Pas-de-Calais **a été augmentée** par l'Etat français: La ville de Lille, sans même mentionner les activités économiques et politiques, **a été transformée** par l'amélioration de l'infrastructure. Pour cette raison, nous allons être sortis de l'ombre par les perspectives d'avenir de la région de Lille, nouveau carrefour européen.

D'ailleurs, selon les chiffres du syndicat d'initiative, toutes nos attentes pour l'année prochaine seront dépassées par l'expansion du tourisme dans la région.

Übung 3: (→ S. 136)
L'organisation MSF **a été fondée** en 1971 par Bernard Kouchner. Depuis lors, les populations en danger dans le monde entier **ont été aidées** par des groupes de médecins et de journalistes. La motivation des médecins? Soulager la misère. Leur devise? Soigner et témoigner.

Ainsi, l'année dernière, on **a envoyé** presque 3000 médecins, infirmières et techniciens dans les régions en crise.

Le président actuel, Philippe Biberson, a récemment avoué: «J'**avais été poussé** par le désir de m'épanouir moi-même. Et puis, une condition préalable idéale **était constituée** par mon métier de médecin.

Quand même, on **donne** un exemple d'altruisme et de serviabilité: les gouvernements qui ne s'occupent pas suffisamment de leur peuple **sont accusés** par les membres de notre organisation. Le risque d'être chassé / oder: Le risque qu'on nous chasse du pays **accompagne** toujours notre lutte contre les répressions et les persécutions par les états. A l'avenir, un chemin fondé sur une base solide **devra être trouvé**: l'obligation d'assistance **sera remplie** par MSF, mais en même temps, on **refusera** cette aide si les gouvernements ne s'engagent pas dans l'amélioration des conditions de vie des pauvres.

Übung 4: (→ S. 138)
Die Tourismusindustrie
Die Ferien des französischen Touristen von heute sind gut organisiert.
Sie werden von einem der beiden großen Spezialisten organisiert: dem Club Méditerranée oder Nouvelles Frontières (NF).
Der Club Med ist spezialisiert: ein „Dorf" wird irgendwohin ins Ausland exportiert.
Seit seiner Gründung sind mehr als eine Million Kunden im Jahr in Hunderten von Clubs in der ganzen Welt untergebracht worden.
Dieses Familienunternehmen war von seinem Gründer Serge Trigano ausgebaut worden.
Nouvelles Frontières dagegen wird von Jacques Maillot geleitet, dessen Unternehmen mit der Absicht gegründet worden ist, in Konkurrenz zum Club Med zu treten.
Daher sind die Karten im Konkurrenzkampf / Kampf der Konkurrenten schon verteilt:

Während die Kunden des Club Med teuer bezahlen / viel Geld zahlen, ist das finanzielle Problem derjenigen von NF schon gelöst.
Die Preise von NF waren mit dem Ziel, die niedrigsten zu sein, berechnet worden.
So sind / werden die Kunden wirklich sehr umworben.

Übung 5: (→ S. 139)
accompagnés par / écrasé par / frappés de / suivie de / assaillis par / suivis par / assaillis de / surpris des / décoré d'un …

Übung 6: (→ S. 141)
On **a inventé** cette éolienne en France.
Depuis longtemps, la réputation de la France dans le domaine de la production de l'énergie **est améliorée**.
On n'**atteindra** ni en Europe ni ailleurs dans le monde la hauteur de ces pylônes (ni en Europe ni dans le monde).
En fait, les pales les plus grandes du monde (32 mètres de longueur) y **auront été installées**.
Le prix du kilowatt-heure **a été** calculé: …
Malheureusement, selon les plans des hommes politiques, cette nouvelle technique **sera** surtout **vendue** en Europe, mais pas beaucoup en France.

Übung 7: (→ S. 143)
1. Quand on avait commencé, personne n'avait cru au succès de la première fusée porteuse européenne, sauf les constructeurs.
2. Pendant le travail, on a beaucoup ri.
3. En Allemagne, en Angleterre, en France et en Italie, on a (pré)fabriqué des pièces de la fusée.
4. On n'a pas publié les plans de construction.
5. On a craint qu'on fasse de l'espionnage / oder: qu'on espionne.
6. a) On s'est longtemps interrogé sur la raison de l'explosion d'Ariane 5.
   b) On s'est livré à mille conjectures, pourquoi Ariane 5 a explosé.
7. On a mis en cause des fautes dans un programme d'ordinateur.
8. Maintenant, on décide quand on construira une nouvelle Ariane en Europe.

Übung 8: (→ S. 144)
1. Cette lettre se lit facilement,
2. Mais elle se traduit difficilement,
3. parce que le verbe «aller» se traduit difficilement.

4. Cette expression aussi ne s'emploie que dans la langue familière.
5. Après une traduction fatigante, le champagne se boit à l'apéritif.

Übung 9: (→ S. 146)

1. Les guides Michelin, qui sont aussi appelés «guides verts» (qui s'appellent aussi «guides verts»), sont vendus dans le monde entier.
2. Dans celui où on trouve Poitiers (où Poitiers se trouve), un phénomène particulier est décrit: le futuroscope.
3. On peut y visiter une exposition fantastique de technique cinématographique française (Une exposition fantastique de technique cinématographique française peut y être visitée).
4. Des écrans spectaculaires sont à voir (On y voit des écrans spectaculaires):
5. Le «Tapis magique» et le «Cinéma dynamique» sont considérés comme attractions.
6. Mais il faut aussi citer le «Cinéma 360 degrés» ou le «Cinémax» avec un écran de 600 mètres carrés.
7. Venez, visitez le futuroscope et vos rêves deviendront réalité.

Übung 10: (→ S. 146)

En 1889, les premiers pneus démontables pour les voitures **ont été inventés**. C'était un progrès révolutionnaire **qui a dû être exploité** le plus vite possible après que la course cycliste Paris – Brest – Paris **eut été gagnée** par Charles Therront en 1891. Peu après, des voitures automobiles **ont été équipées** par les frères André et Edouard Michelin et jusqu'aujourd'hui le succès français dans le domaine des pneus automobiles **est symbolisé** par la compagnie «Michelin». Le but dont Michelin rêvait depuis longtemps **a pu être réalisé** …

Abschlusstest (→ S. 147)

Chez Michelin, le modèle d'organisation **(qui est) appelé** «paternalisme» **était** déjà **loué** au 19ème siècle. C'est-à-dire qu'une certaine responsabilité envers chaque travailleur de l'entreprise **était** naturellement **acceptée** par les frères Michelin. Une sécurité sociale et médicale **était garantie** par les deux patrons: ils s'occupaient du temps libre de leurs employés, une bonne éducation scolaire des enfants **était assurée** par eux et, avec les moyens financiers de la famille Michelin, un hôpital **a pu être** construit. Des logements **étaient mis** à la disposition des familles qu'on persuadait aussi que (même) leur enterrement **serait** (même) **payé** par la compagnie. Aujourd'hui, le nombre d'employés **a dû être réduit** par «Michelin» comme c'est le cas dans toutes les autres entreprises sur le marché. Des économies **doivent être**

faites pour pouvoir soutenir la concurrence internationale. Ce qui reste surtout, c'est le petit bonhomme **qui a été créé** pour qu'un effet efficace soit produit par lui: il est connu dans le monde entier.

11

Einstiegstest (→ S. 148)

1. Avez-vous encore six chambres …?
2. La chambre de notre prof sera-t-elle suffisamment …?
3. D'ailleurs, pourriez-vous nous arranger …?
4. Que coûtent les chambres?

5. Y aura-t-il assez de bicyclettes …?
6. Quels bistros y a-t-il dans …?
7. …, qu'offrent-elles comme spécialités …?
8. Existe-t-il des revenants …?

Toujours est-il que nous attendons …
Encore faut-il vous annoncer …
Aussi devons-nous vous mettre en garde: Peut-être nos activités en ce qui concerne les recherches historiques se limiteront-elles …
«Mes chers enfants, dit-il toujours, …

Übung 1: (→ S. 152)

1. Avez-vous les clefs …?
2. Mangera-t-on ici …?
3. N'aura-t-on pas droit …?
4. Ferons-nous une promenade …?

5. Serons-nous vraiment …?
6. Ne dormez-vous pas …?
7. Avez-vous le sommeil …?

Übung 2: (→ S. 153)

1. Visiterons-nous tous …?
2. Quand pourra-t-on aller …?
3. Pourrons-nous y entrer …?
4. Se trouve-t-il vraiment …?

5. Passera-t-on après …?
6. Où a-t-elle vraiment reconnu …?
7. Quand nous raconterez-vous l'histoire …?

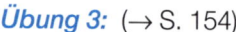

Übung 3: (→ S. 154)
1. Où est-il …?
2. Quand est-il parti?
3. Que ferons-nous …?
4. Est-il possible de …?
5. Suivrons-nous …?

Übung 4: (→ S. 155)
Où sont tes devoirs?

Übung 5: (→ S. 155)
1. Où commence la visite guidée?
2. Quand viennent les revenants?
3. Comment travaillent les revenants de ce château?
4. De quoi parle le guide?
5. A qui s'adresse/s'adressera M. Hasenfuss pour nous retrouver?
6. Comment le persuadent/persuaderont les filles afin qu'il …?

Übung 6: (→ S. 156)
1. Les six femmes qui y ont vécu ont-elles marqué …?
2. Les historiens ne nous en ont-ils retenu que deux?
3. Une de ces femmes, D. de P., a-t-elle vécu …?
4. Cette dame a-t-elle reçu ce domicile …?
5. L'épouse de Henri II, C. de M., a-t-elle été très jalouse …?
6. …, Catherine a-t-elle expulsé …?
7. Diane a-t-elle dû se retirer …?
8. Aujourd'hui, les amants n'offrent-ils plus …?

Übung 7: (→ S. 158)
1. Que voient ces touristes …?
2. De quoi s'y amusent les pêcheurs? …
3. …, le nombre des pêcheurs augmente-t-il énormément?
4. Les jeunes reçoivent-ils aussi …?
5. D'ailleurs, est-il étonnant que …?
6. Quelle méthode intéressante les jeunes pratiquent-ils?
7. Pourquoi les jeunes pêcheurs préfèrent-ils …?
8. La pratique consiste-t-elle à remettre …?
9. …, y a-t-il plein de jeunes au bord de …?

Übung 8: (→ S. 160)
1. Est-ce vrai?
2. Y a-t-il un endroit dans la vallée de la Loire où le service de nettoiement n'aime pas travailler?
3. Y enlève-t-on vraiment 1200 chewing-gums par an?

● ABITURAUFGABEN

4. Le service de nettoiement transporte-il tout un camion plein de déchêts par jour?
5. Les femmes de ménage effacent-elles des centaines de «graffitis» dans les chambres chaque année?
6. Les touristes ne croient-ils pas que c'est leur œuvre?
7. Connaissez-vous cet endroit?
8. Cela pourrait-il être le château de Blois?

Abschlusstest (→ S. 161)
1. Comment le pauvre M. H. a-t-il retrouvé son groupe?
2. Pourquoi l'avait-il quitté?
3. N'a-t-il pas eu peur que …?
4. Tout ce que vous avez reçu à manger était-il très bien?
5. Les histoires des châteaux vous ont-elles plus impressionnés que …?
6. Le voyage a-t-il été effectué …?
7. Matthias et Christophe sont-ils tombés …?
8. Cela n'est-il pas étonnant du tout?

ABITURAUFGABEN: GRAMMAIRE CONTEXTUALISÉE 12

Aufgabe 1: Le Pont Saint-Bénézet … (→ S. 162)

La construction de cet ouvrage est relatée par un certain nombre de sources anciennes dont la plus précieuse est un manuscrit des archives du Vaucluse, **connu** sous le nom d'«Antique Membrane d'Avignon». C'est un texte des environs de 1300 **qui** met en forme l'histoire de Bénézet:

C'est en 1177 **que** le jeune enfant Bénézet, originaire du hameau de Villard en Ardèche, entendit la voix de Jésus **se manifestant** à lui alors qu'il gardait les brebis de sa mère dans un pré ardéchois. La voix lui **dit qu'elle voulait qu'il laisse là les brebis de sa mère, parce qu'il devait lui faire un pont sur le Rhône.**

«Comment?» répondit l'enfant. «Je n'ai que trois oboles, comment est-ce que je pourrais construire un pont sur le Rhône?»

«**Aie** confiance», dit le Seigneur, «je te l'**enseignerai.**»

L'enfant **obéissant** à la voix de Jésus quitta son pré et rencontra à quelque distance de là un ange sous l'aspect d'un pèlerin **portant** bâton et besace, **qui lui dit**:

«**Suis**-moi sans crainte, je te conduirai jusqu'au lieu **où** tu dois faire un pont pour Jésus-Christ, et je te montrerai comment tu le feras.»

Un batelier était là, Bénézet pria le batelier de le mener sur l'autre rive pour l'amour de Dieu et de la Bienheureuse Marie, mais le passeur était juif et **lui** réclama trois oboles. Les trois seules oboles qu'il avait, Bénézet **les lui** donna et se retrouva donc en Avignon privé de toutes ressources.

Aufgabe 2: Le pont … (suite) (→ S. 163)

Justement l'évêque était en train de prêcher à son peuple. Bénézet s'approcha, l'interrompit et lui fit part de sa mission: «**Sachez** que Jésus-Christ m'envoie jusqu'à vous pour que je **fasse** un pont sur le Rhône.» L'évêque **pensant avoir affaire** à un simple d'esprit, le dirigea vers le juge viguier de la ville. **En l'abordant**, Bénézet reprit avec calme le récit des prodiges **qui l'avaient** conduit en Avignon. L'homme, ébranlé, décida de le mettre à l'épreuve **en lui disant qu'il lui donnerait une pierre qu'il avait dans son palais et que, s'il pouvait la remuer, il le croirait capable de construire ce pont**. Bénézet vint retrouver l'évêque et lui demanda d'assister avec tout le peuple à l'épreuve.

La pierre était énorme, trente hommes n'auraient pu la remuer, mais Bénézet, **assisté par le Seigneur**, réussit **facilement** à la porter et à la déposer dans le fleuve à l'endroit **où** il devait fonder la première arche. Tous les assistants **furent saisis** d'effroi et d'admiration, le viguier baisa les pieds et les mains de Bénézet **le qualifiant** de saint, et lui donna 300 sous. Ce jour-là, Bénézet recueillit 5000 sous; alors **la construction du pont fut décidée**.

Aufgabe 3: Rêves pour l'an 2000 (→ S. 164)

Tout **récemment**, Paul Maymont, architecte éminent, a dessiné les plans d'un Paris pour nos arrière-petits-enfants: une sorte de Venise futuriste **remplie** d'espaces verts, où Notre-Dame se mire dans l'eau. (…)

Le sous-sol de Paris, **mal exploité** depuis la création du métro, serait enfin utilisé. **Ce qui** résoudrait magiquement les problèmes de circulation, de pollution et d'espace. (…)

Pour Claude Parent, il faut détruire tout **ce qui** n'est pas le Paris **que** nous aimons pour ne garder que les immeubles du XVIIe et aussi les Tuileries, les Champs-Elysées (…). En revanche, le «Paris d'opérette», **celui** des vieux quartiers et des petits immeubles autour de Beaubourg, ne fait que consacrer l'échec d'une ville «qui ne favorise pas les grandes communications et les échanges».

Paris est fait de clans, de mondes clos, **protégé(s)**, comme l'île Saint-Louis, **devenue** un ghetto pour milliardaires. «Actuellement, poursuit Claude Parent, on s'amuse; il n'y a pas de doctrine cohérente d'urbanisme et le pouvoir politique n'agit que **par** véto. Tout **est conçu** pour faire obstacle aux hommes: carrefours, feux rouges. Cet échec est **celui** des villes, **qui ont été construites** à l'horizontale, de même que les villes verticales **ont péri** par désintégration de la trame urbaine.» (…)

Biro et Fernier, **eux** imaginent une solution aérienne **préservant** Paris **en faisant** disparaître la banlieue sous d'immenses satellites faits d'immeubles en X, **percés** dans leur axe central de routes et de jardins et **reposant** sur un sol jamais pollué **sur lequel/où** la nature s'épanouirait.

Aufgabe 4: La Manche – Département de vacances (→ S. 165)

Vous **viendrez** dans la Manche, mais que pensez-vous découvrir? **De** beaux paysages, **des** villages charmants ou pittoresques, un lieu de séjour pour les vacances? Vous **pouvez y** trouver tout cela. Parfois, votre sensibilité **sera touchée** par **des** spectacles qui «Parlent à l'âme», comme au Mont-Saint-Michel.

En **d'**autres occasions, vous **aurez** la surprise de la découverte de villes vieilles ou neuves ou l'agrément d'une campagne verdoyante. Le département de la Manche **paraît** en effet bien nommé. Tout ici vit au rythme de la mer qui **lui** a donné son nom et qui deux fois par jour, couvre et découvre le sable des plages, **en laissant / laissant** l'air iodé **naissant** des varechs.

Le retour à cette terre opulente, pour le temps des vacances, est le moyen de retrouver la vitalité que vous dépensez à la ville toute l'année. Les mamans qui choisissent ces plages de la Manche pour les vacances de leurs enfants **le** savent bien.

330 km de côtes, **dont** plus de deux tiers sont de sable fin, **que** nettoie la marée, et **qui** recèlent tant de plaisirs, font de ce département **la plus belle** province maritime de l'Ouest. Oui, vous viendrez dans la Manche, dans la nature que vous aimeriez. Et vous **ferez** comme le font tous les estivants, vous **y** reviendrez fidèlement chaque année.

Aufgabe 5: L'ombre du général de Gaulle (→ S. 166)

«Il est encore plus grand qu'on ne le pense, écrit Emmanuel d'Astier, après sa première rencontre, **en** 1942 à Londres, avec le général de Gaulle. Il a les gestes lents et lourds comme son nez. **La petite tête, le visage cireux est / sont porté(e)(s) par** un corps dont la charpente est indécise. Son geste **le**

plus coutumier consiste à lever les avant-bras **en gardant** les coudes du corps. Alors, ses mains inertes, au bout de ses bras et **attachées** à des poignets grêles, très blanches, un peu féminines et avec les paumes **en dessus**, semblent soulever un monde de fardeaux abstraits. (…) Il n'aime pas les hommes: il aime **leur** histoire, surtout **celle** de la France …» **Que reste-t-il** du général de Gaulle, vingt-cinq ans après sa mort? Le Franc? Une Constitution? Une Europe de querelles et de nations? **Le prophète devrait-il encore être écouté par nous?** Où sont ses héritiers, qui sont ses adversaires?

Aufgabe 6: Beaumarchais – le génial touche-à-tout (→ S. 167)
C'est à Paris, en 1732 **que** naît Beaumarchais, de son vrai nom Pierre Auguste Caron. Rien ne laisse supposer qu'il deviendra l'éminence grise et l'agent secret de Louis XVI lors de la guerre d'indépendance américaine, ni qu'il écrira deux chefs-d'œuvre du théâtre du 18e siècle.

A ses débuts **comme** horloger, Beaumarchais invente un mécanisme révolutionnaire pour régulariser le mouvement des montres. Plus tard, il améliore la harpe et devient professeur de musique des filles du roi. Désormais, ce roturier est un familier de la cour. En 1756, il se marie avec la veuve de Monsieur Franquet **dont** il a acheté la charge, obtient encore **celle** de secrétaire du roi et aura ainsi le droit de porter le nom à particule «de Beaumarchais». A 31 ans, il réussit enfin à faire partie des grands de ce monde.

Il se rend célèbre à l'occasion d'un procès sur un héritage **en prouvant** la vénalité du magistrat Göezman et la corruption du tribunal. Il exprime alors les revendications **d'**une bourgeoisie riche et cultivée **qui** veut avoir son mot à dire. En 1774, le roi l'envoie en Angleterre récupérer un document **compromettant**. Beaumarchais se tire avec succès de **cette** mission d'espionnage. **C'est** à Londres **qu'**il rencontre les partisans de l'indépendance américaine. **De** retour à Paris, il parvient à convaincre le roi de soutenir les indépendantistes américains en lutte contre la couronne d'Angleterre.

Officieusement, il est chargé de **leur** livrer des armes (…).

En 1780, il investit une fortune pour publier l'œuvre complète de Voltaire encore **interdite** en France. Et sa propre pièce, «Le Mariage de Figaro», est enfin jouée après plusieurs années **d'**interdiction. Mais la Révolution pour **laquelle** il avait tant fait, ne l'aimera pas. **Avait-il** un train de vie trop luxueux? **Etait-il** trop libertin? Des procès contre **lui** se succèdent et il devra s'exiler en Allemagne de 1792 à 1794. Il meurt en 1799.